BOHI

ROMANTYZM BEZ GRANIC

Biblioteka „WIĘZI”
Tom 224

BOHDAN POCIEJ

ROMANTYZM BEZ GRANIC

Biblioteka „WIĘZI”
Warszawa

Projekt okładki i stron tytułowych — *Zofia Broniek*
Redaktor książki — *Cezary Gawryś*

Na okładce wykorzystano obraz Caspara Davida Friedricha *Wędrowiec po morzu chmur*, 1818, wym. 74,8 × 94,8 cm, Kunsthalle, Hamburg.

Zrealizowano ze środków Ministra Kultury i Dziedzictwa Narodowego.

ISSN 0519–9336
ISBN 978–83–60356–57–9

Towarzystwo „Więź"
ul. Trębacka 3, 00–074 Warszawa
tel. (48 22) 827 29 17
Zapraszamy do naszej księgarni internetowej:
www.wiez.com.pl

Zamówienia: Dział Handlowy
tel./fax (48 22) 828 18 08
e-mail: handlowy@wiez.com.pl

Skład: „Nowy Dziennik" Sp. z o.o., Warszawa, ul. Francuska 52 m. 22
Druk i oprawa: Edit Sp. z o.o., Warszawa, ul. Poezji 19

Cena 35 zł

Printed in Poland

OD AUTORA

Pomieszczone w tej książce szkice, wiążące się w pewną przemyślaną całość, wyrastają z centrum moich zainteresowań i są wyrazem moich dzisiejszych poglądów na muzykę w ogóle. Swoją pierwszą wersję miały w cyklu audycji emitowanych w Programie 2 Polskiego Radia, od października 2007 do grudnia 2008.

Pragnę na tym miejscu gorąco podziękować Panu Jackowi Hawrylukowi — za inicjatywę i życzliwe potraktowanie mojego projektu, za troskliwą zaś opiekę nad tym radiowym cyklem: Pani Barbarze Taraszkiewicz-Nowik — za wnikliwą redakcję tekstu; Pani Magdalenie Wojtulanis — za realizację dźwięku z wgrywaniem licznych przykładów muzycznych; Panu Januszowi Szydłowskiemu — za znakomite tekstu podanie.

Wydawnictwu WIĘŹ wyrażam głęboką wdzięczność za chęć publikacji tych szkiców w formie książkowej.

I. UTRACONA OJCZYZNA

W roku 1928 — w stulecie śmierci Schuberta! — tak pisał Karol Szymanowski, ostatni wielki romantyk muzyki polskiej, zarazem współtwórca nowej muzyki swoich czasów:

> Przede wszystkim [...] jestem zdania, iż „Romantyzm" to jedno z tych historycznych określeń, które mimo olbrzymiej swej „pojemności" myślowej i niezmiernie zatartych konturów zwykło się stosować w dyskusjach o sprawach sztuki i literatury jako wartość stałą i niezmienną. Dziś metoda ta stała się niemal absurdalną, a to z tego względu, iż Romantyzm w najbardziej uproszczonym i prymitywnym swym ujęciu stał się hasłem walki pomiędzy starszym, „przedwojennym" pokoleniem i obozem młodych, który [...] z niewątpliwą słusznością stara się o możliwie krytyczne i obiektywne wobec romantycznej przeszłości stanowisko. Dla pierwszych jest Romantyzm rajem utraconym, poza bramami którego zaczyna się bezgraniczna sfera jałowego eksperymentatorstwa. [...] Dla „młodych" tenże sam Romantyzm to duszne więzienie, z którego się wydostali na świeże ożywcze powietrze, odzyskując swobodę ruchów i możność nowych zdobyczy. I oni jednak zapomnieli, iż owo więzienie mogło być cudowną budowlą o nieskazitelnych architektonicznych liniach. [...]
>
> Jest niezaprzeczonym faktem, iż w tej właśnie epoce rozwój techniki kompozytorskiej i wzmożenie środków wyrazu, niezwykłe wysubtelnienie języka muzycznego osiągnęło nieznane dawniej wyżyny. [...] Zastanówmy się nad tym, iż na króciutkim odcinku czasu, na przestrzeni

kilku dziesięcioleci zaledwie, pracowali i tworzyli obok siebie Chopin i Berlioz, Liszt i Schumann, i stojący już na progu swego wspaniałego rozkwitu Ryszard Wagner. Cóż za fantastyczna różnorodność i bogactwo twórczych typów, w zasadzie obcych sobie i niejednokrotnie zwalczających się wzajemnie! [...]

Jak każdy artysta podlegałem wpływom, lecz nie Romantyzmu, a szeregu wielkich twórców żyjących zarówno w tej epoce, jak i w poprzedniej. Przy czym muszę zaznaczyć tu dwa charakterystyczne fakty.

Od najwcześniejszych lat moich aż do dzisiaj uwielbiam uczuciem gorącym a pokornym przede wszystkim „klasyków" Bacha i Mozarta, następnie Chopina, którego [...] niepodobna uwięzić w złotej lecz ciasnej klatce Romantyzmu. Pomimo najgłębszego uwielbienia dla geniuszu Ryszarda Wagnera, jemu właśnie zawdzięczam wszystkie złe nałogi muzyczne, których dziś z uporem się pozbywam. [...]

Romantyzm! Wcale się nie taję z pewną niechęcią do tego tak pięknie brzmiącego słowa. Jest ono u nas stanowczo nadużywane. Pod jego sztandarem dziś jeszcze przemyca się do sztuki polskiej wszystko, co słabe, niedowarzone, niedorosłe wobec organicznych, istotnie twórczych zadań dzisiejszego wolnego naszego życia. Najlichsze nawet mentatorstwo współczesne posiada jeden bezwzględny plus: indywidualną odwagę palenia za sobą mostów, stawiania wszystkiego na jedną kartę. Zbyt zaś uroczysty tradycjonalizm, zręczne żonglowanie wszelkimi sztandarami przeszłości, to aż nazbyt często smętna maska o pustych oczodołach, starannie ukrywająca nicość i niemoc twórczą[1].

Wypowiedź ta jest znamienna dla postawy ówczesnych, postępowo nastawionych kompozytorów wobec muzyczne-

[1] K. Szymanowski, *Romantyzm w dobie współczesnej*, w: *Pisma*, tom I: *Pisma muzyczne*, Kraków 1984, s. 229–230.

go romantyzmu: zdaje się on ich przyciągać, zarazem odpychając; jawi się im jako coś, co — w twórczości aktualnej — musi być przezwyciężone, „zniesione", a jednocześnie coś fascynującego, emanującego szczególnym czarem.

Jak dziś, po osiemdziesięciu latach, w innej zgoła epoce, kompozytorzy odczuwają i pojmują dziedzictwo romantyzmu? Właśnie kompozytorzy, bo przecież szerokim rzeszom miłośników muzyki romantyzm dziś jest równie — jeśli nie bardziej! — bliski niż sto lat temu. Z upływem czasu świadomość romantyzmu pogłębiała się, rosła wielkość tej niezwykłej w dziejach muzyki epoki. Tak że dziś muzyczny romantyzm przedstawia się nam — muzykom, kompozytorom, znawcom i miłośnikom muzyki — jako epoka niebywałych nasileń i erupcji mocy twórczych, bezprzykładnego bogactwa inwencji, maksymalnego spotęgowania sił muzycznej wyobraźni, jako „epoka geniuszy"! A będąc takim, romantyzm muzyczny wzbudza dzisiaj — choć nie od dzisiaj — szczególnego rodzaju tęsknotę: nostalgię...

Czym bowiem jest nostalgia? Najkrócej — tęsknotą za utraconą ojczyzną. Mniej ważne, czy będzie to ojczyzna „wielka", w postaci kraju, części świata lub wręcz całej ziemi — jak w *Lied von der Erde* Mahlera; czy też „mała": prowincja, miasto, wieś, ulica, dom rodzinny...

Nostalgia jest odmianą tęsknoty romantycznej, a jako taka bywała również silnym impulsem twórczym, zwłaszcza w literaturze i muzyce. Mazurki i Polonezy Chopina, *Pan Tadeusz* Mickiewicza, *Beniowski* Słowackiego, Pieśni z *Des Knaben Wunderhorn* i Symfonie powstałe w tym kręgu — Mahlera, *Buddenbrookowie* Manna, nowele i wiersze Iwaszkiewicza, filmy Tarkowskiego (tworzone już na emigracji) — to wspaniałe owoce formotwórczej nostalgii w jej pierwszym znaczeniu: wspomnieniowo-refleksyjnej tęsknoty za utraconą ziemią rodzinną, krajem lat dziecinnych i młodzieńczych.

Jest jeszcze bowiem drugie znaczenie, węższe i ograniczone tylko do muzyki. Słowo „nostalgia" pobrzmiewa tu metaforą: tyczy mianowicie szczególnego stanu — „stanu nostalgicznego" — w jakim, jak można mniemać, znajduje się kompozytor nawiązujący w swej twórczości do sposobów i stylów uprawiania muzyki dziś już nieaktualnych, z przeszłości bliższej i dalszej; mówimy też wówczas, że kompozytor „stylizuje" lub „archaizuje". Jeśli w rezultatach tych kompozytorskich doświadczeń wyczuwamy coś więcej niż tylko zręczną i efektowną zabawę w imitację, naśladownictwo, parodię, pastisz; jeśli czujemy tu jakieś głębsze odcienie sentymentu, czułości, miłości — możemy chyba powiedzieć, że utwory te zrodzone zostały z nostalgii, czyli ze szczególnej tęsknoty za — utraconą — muzyczną ojczyzną. Utraconą w sensie proustowskim — *le temps perdu* — bowiem należącą do przeszłości, aktualnie nieistniejącą, ale przecież nie całkiem utraconą, bo mającą swój byt ponadczasowy w dziełach i stylach muzyki. Istniejącą też „aksjologicznie" — jako punkt odniesienia, miernik wartości dla nas.

Nawiązywanie do dawnych dzieł i stylów może być przejawem muzycznej nostalgii, utraconą zaś ojczyzną bywa na przykład epoka baroku czy epoka romantyzmu; chorał gregoriański czy epoka polifonii średniowiecza i renesansu; bywa też taką utraconą ojczyzną twórczość wielkich kompozytorów przeszłości: Mahlera, Brucknera, Wagnera, Schuberta, Beethovena, Mozarta, Bacha, Monteverdiego, Palestriny...

Nostalgia, o której mowa, zrodziła się w epoce romantyzmu jako szczególny sposób romantycznego bycia w muzyce; tęsknota — metafizyczna i miłosna — jest wszak nicią przewodnią twórczości kompozytorów romantycznych! Gdy w muzyce Mendelssohna znajdujemy odniesienia do barokowego Händlowskiego oratorium, a w muzyce Liszta — nawiązania do Bacha, chorału gregoriańskiego, polifonii Palestriny; w muzyce Wagnera (*Meistersingerzy*, *Parsifal*) — odniesienia do polifonii Bacha, do chorału gregoriańskiego — możemy powiedzieć, że są to przejawy romantycznej nostalgii. Podobnie — Brahmsowskie nawiązania do Händla (w *Wariacjach*), Bacha (w *Preludiach chorałowych*), form baroku (finał *IV Symfonii* w formie chaconny). Podobnie — Bachowskie reminiscencje w *Kindertotenlieder* Mahlera. A dalej — już w XX wieku, nostalgią różnych odcieni podszyta jest muzyka Strawińskiego, w swoich nawiązaniach, reminiscencjach, aluzjach: do Bacha i baroku, do renesansu, średniowiecza, romantyzmu (Czajkowski!). Przejmująco nostalgiczne są reminiscencje Bacha i popularnych melodii wiedeńskich w *Koncercie skrzypcowym* Berga. Wszystko to są owoce nie tylko uczucia nostalgii, ale i świadomości nostalgicznej.

Nostalgia tedy jest stanem uświadomionej tęsknoty do muzycznej przeszłości. Stanem, w którym rodzi się pragnienie tej „muzyki przeszłości" ponownego ożywienia, urzeczywistnienia w procesie kompozytorskim możliwości twórczych tkwiących (jeszcze!) w stylach i dziełach czasu minionego.

Z aksjologicznego punktu widzenia romantyczna nostalgia muzyczna jest tęsknotą do wartości wysokich, najwyższych, do absolutu wartości, które, realizowane niegdyś w aktach kompozytorskich, winny dostąpić realizacji ponownej, współcześnie.

Bliski mi jest ów stan muzycznej nostalgii, zwłaszcza gdy postrzegam go u kompozytorów polskich, moich rówieśników i młodszych. Nostalgia stanowi dla nich silne źródło inspiracji. Jak silne i głębokie — o tym przekonujemy się słuchając utworów Góreckiego, Pendereckiego, Kilara, Knapika, Szymańskiego. Każdy z nich, i każdy w swoim stylu, ma jakieś szczególnie żywe ogniska nostalgii, równoznaczne ze źródłami muzycznego piękna, z których może czerpać. Górecki — z romantyzmu przemieszanego z ludowością. Penderecki — z późnoromantycznych stylów symfonicznych i kameralnych. Kilar — z ekspresji emocjonalnej późnoromantycznego symfonizmu. Knapik — ze stylów pieśniowych późnego romantyzmu. Szymański — z form i stylów muzycznych baroku. Nazwać ich można największymi dziś mistrzami przetwarzania nostalgicznych impulsów w formy o tradycyjnej proweniencji, a zarazem nowe i tchnące intensywną (romantyczną?) ekspresją.

Podczas Warszawskiej Jesieni w roku 1992 wykonano utwór Toru Takemitsu (zmarł w 1996) zatytułowany *Nostalghia*. W komentarzu programowym pisał kompozytor:

> Włoski tytuł *Nostalghia* zaczerpnąłem z filmu reżysera Andrieja Tarkowskiego, który zmarł przedwcześnie w 1986 roku, w Paryżu, gdzie mieszkał jako emigrant polityczny. Ta muzyka zastała napisana jako wspomnienie o Tarkowskim. Prosta i patetyczna melodia, wprowadzona przez skrzypce solo, dominuje w całym utworze. Od czasu do czasu mocno podzielona orkiestra smyczkowa ewokuje wrażenie wody i mgły, nawiązując do charakterystycznych obrazów z filmów Tarkowskiego. Jako całość muzyka ta jest przesycona delikatnym i elegijnym sentymentem[2].

Spytać by teraz można, do czego głównie tęsknią dziś kompozytorzy nostalgią romantyczną tknięci? Bo tęsknią niewątpliwie za czymś, co w romantyzmie muzycznym ważne, istotne, może najważniejsze... Tym czymś dla romantyzmu muzycznego najistotniejszym zdaje się melodyczna

---

[2] W książce programowej Warszawskiej Jesieni 1996.

mowa uczuć, których gorące centrum stanowi miłość, naczelny motor duchowy, *spiritus movens* muzyki romantyzmu. Muzyka romantyczna, powoływana do życia siłą miłości, poruszana jej energią, chciałaby więc tę miłość najsugestywniej, najintensywniej wyrazić. Kompozytorzy trawieni nostalgią za utraconą ojczyzną romantyzmu tęsknią do muzycznego „języka miłości", zbyt pochopnie odrzuconego i zaniechanego przez muzycznych „rewolucjonistów", inicjatorów generalnej odnowy języka muzycznego w początkach XX wieku. Kompozytorzy dzisiaj próbują ten język wskrzesić, ożywić, odnowić.

Pisze Eugeniusz Knapik w komentarzu do cyklu pieśni *Up into the Silence*:

> Kiedy rozpoczynałem pracę nad tym utworem, powziąłem zamiar, by tematem przewodnim i wyłącznym całego cyklu uczynić miłość. Postanowiłem poświęcić ten cykl miłości, bowiem w moim przekonaniu sztuka ostatnich dziesięcioleci (a ściślej, właściwie całego ubiegłego wieku) tę najważniejszą sferę doznań człowieka i niezwykle istotny obszar ludzkich doświadczeń zepchnęła na margines swojej penetracji. [...]. Pokusa, by pod koniec wieku jeszcze raz zmierzyć się z tematem, który był dominantą zainteresowania twórców wszystkich epok, a mimo to pozostał nieodgadnioną tajemnicą ludzkiej natury, była wielka. Bo jeśli wierzyć Emily Dickinson, to: „Miłość jest wszystkim, co istnieje". To wszystko, co o niej wiemy[3].

Wielcy kompozytorzy romantyzmu wyrażali miłość najróżniejszymi sposobami. Powiedzieli zda się o niej wszystko, co muzyką powiedzieć można.

Pisał niegdyś Jan Lechoń:

---

[3] W książce programowej Warszawskiej Jesieni 2001.

***

Pytasz, co w moim życiu z wszystkich rzeczą główną...
Powiem ci: śmierć i miłość — obydwie zarówno.
Jednej oczu się czarnych, drugiej — modrych boję.
Te dwie są me miłości i dwie śmierci moje.
Przez niebo rozgwieżdżone, wpośród nocy czarnej,
To one pędzą wicher międzyplanetarny,
Ten wicher, co dął w ziemię, aż ludzkość wydała,
Na wieczny smutek duszy, wieczną rozkosz ciała.
Na żarnach dni się miele, dno życia się wierci,
By prawdy się najgłębszej dokopać istnienia —
I jedno wiemy tylko. I nic się nie zmienia.
Śmierć chroni od miłości, a miłość od śmierci[4].

A dzisiaj, w fascynujących esejach Krzysztofa Michalskiego o myślach Nietzschego czytamy:

Co to jest miłość? — pytał kiedyś Plotyn. — Czy to Bóg? Duch niebiański? A może stan umysłu? Miłość: jak wiele jest jej postaci, jak różne są wszystkie te strony, wszystkie te momenty życia, do jakich odnosimy to słowo. Głupotą byłaby próba sprowadzenia ich do wspólnego mianownika. Wśród tej ogromnej różnorodności znaczeń kryje się tu także to, o którym chcę pisać: wieczna miłość. Ta miłość — to ślad wieczności. To obecność wieczności w czasie. To odkrycie takiego „teraz": tu, pod jabłonią, gdy „położę ciebie jak pieczęć na moim sercu, jak pieczęć na moim ramieniu" — to odkrycie takiego „teraz", które znaczy „zawsze". To zawieszenie czasu; jeśli „teraz" znaczy tyle co „zawsze", różnica między „teraz" a „wczoraj", „teraz" a „jutro" — a więc czas — traci znaczenie. Tu, pod jabłonią, przeszłość i przyszłość znikają, a więc i śmierć traci swe żądło: „miłość jest mocna jak śmierć"[5].

---

[4] J. Lechoń, *Poezje*, Warszawa 1976, s. 15.

[5] K. Michalski, *Płomień wieczności. Eseje o myślach Fryderyka Nietzschego*, Kraków 2007, s. 183–184.

Do „sytuacji granicznych" określających naszą egzystencję Karl Jaspers nie zalicza miłości (znamienne, że nie zalicza do nich także wiary religijnej). A przecież zasługuje ona chyba na postawienie jej tu obok „walki", „winy", „cierpienia" „śmierci". Przecież i miłość — pojęta jako sytuacja graniczna — nie daje nam wyboru, stawia przed ścianą nie do przebicia. Jest czymś ostatecznym.

Muzyka zdaje się być najczulszym medium miłości. Inne sztuki — malarstwo, poezja, teatr — miłość zapośredniczają: obrazem, słowem, pojęciem. Sztuka dźwięków zaś wyraża miłość wprost, całą sobą, swoją substancją i swymi akcydensami. Stan miłości, w jaki człowiek w swojej egzystencji popada, muzyka transformuje we własne brzmienia i struktury dźwiękowe: melodie, akordy, barwy, sploty głosów. Ta transformacja zaś jest zarazem sublimacją.

Czymże jednak w końcu jest miłość? Gdy jej doznaję, gdy ją przeżywam, i gdy mnie nikt o nią nie pyta — wiem. Kiedy mam o niej mówić, ją tłumaczyć, określać, objaśniać, definiować — nie wiem; staję bezradny wobec pojęcia bezmiernie wieloznacznego. Jawi mi się miłość w całej swojej ambiwalencji: z jednej strony jako moralna i etyczna, z drugiej — „poza dobrem i złem". Bywa szczęściem i nieszczęściem, wzlotem i upadkiem, zdrowiem i chorobą, siłą i słabością, wolnością i zniewoleniem, radością i smutkiem, rozkoszą i bólem. Jest spotęgowaniem własnego istnienia i zarazem zatraceniem siebie. Jawi mi się też miłość jako „ludzka", „kosmiczna", „Boska"... Wspominam Platońską drogę do piękna idealnego po stopniach Miłości (z *Uczty*).

Muzyka mówi miłość. Wśród rozlicznych tematów jej dźwiękowej mowy uczuć ten właśnie zda się najważniejszy: miłość jako stadium życia (duchowego), wyznaczająca jedną z kluczowych „sytuacji granicznych" naszej egzystencji. Miłość jako gorące centrum sfery uczuć.

W muzyce europejskiej, na przestrzeni jej ponad tysiącletnich dziejów, powstaje ekspresyjny język miłości. W czasach średniowiecza i renesansu jest on jeszcze nie w pełni rozwinięty; bo chociaż obok muzyki religijnej, dominującej, uprawia się także świecką lirykę miłosną (od XIV wieku intensywnie), to przecież miłość opiewana jest tutaj bardziej w słowach niż wyrażana samą muzyką. Dopiero nowożytne prądy renesansowego humanizmu bardziej uczulą substancję muzyki na miłosne inspiracje. A w XVII wieku, w czasach panowania madrygału, opery, kantaty, szkół instrumentalnych, muzyczny język uczuć miłosnych po raz pierwszy rozkwitnie. Apogeum jego wyrazowych możliwości przypadnie wszakże dopiero na epokę muzycznego romantyzmu.

Jak muzyka mówi miłość? Co jest sednem miłosnego języka muzyki? Jest nim poruszenie dźwiękowej substancji przybierającej kształt melodyczny i harmoniczny, z przydaniem odcieni dźwiękowego koloru. Substancja muzyki, czuła na impulsy miłości, przejmuje je w siebie, sublimuje w brzmieniach, poruszana i kształtowana siłą miłości. Miłość jest uczuciowym „motorem" muzyki.

Kompozytorzy romantyczni — od Mozarta po Mahlera i Szymanowskiego — odczuwają i pojmują miłość jako centrum życia uczuciowego, i odkrywają w niej dla siebie nowe źródła formotwórczych energii. Pragną oni miłość przedstawić, powiedzieć, wyrazić w całej jej rozległości i mocy, i w całej jej „dialektyce" sprzeczności i antynomii. Jakież więc cechy, stadia, stopnie, odcienie miłości chcą wyrażać kompozytorzy wielkiej epoki romantyzmu? Jak mówią miłość w swoich utworach: Mozart, Beethoven, Schubert, Berlioz, Schumann, Chopin, Liszt, Wagner, Brahms, Czajkowski, Mahler, Szymanowski? — najwięksi w dziejach muzyki „miłośnicy i miłujący", genialni piewcy miłości.

Pragną oni nade wszystko, każdy w swoim stylu osobistym, wyrazić piękno — piękno miłości i miłość piękna — urodą melodii i harmonii, powabem barw. Chcą też wyrazić to, co w miłości dobre: czułość, tkliwość, subtelność uczucia. Zarazem przenika ich miłosna żarliwość, a im bardziej w głąb XIX wieku, tym wyższa temperatura miłości, tym mocniejszych wymagająca środków dla swego wyrażania, które też znajdują kompozytorzy romantyczni w owym wspaniałym „wielogłowym" instrumencie, jaki mają do dyspozycji — orkiestrze symfonicznej — na którym potrafią wygrać wszystko! W muzyce zaś dwu tak różnych późnoromantycznych kompozytorów, jak Mahler i Szymanowski, miłosna żarliwość osiągnie apogeum.

Porywa muzycznych romantyków siła miłosnej namiętności (Berlioz, Wagner, Czajkowski). Jako ludzie romantyzmu, odczuwający rzeczywistość „transcendentnie" i ekstatycznie, mają oni też konkretne przedmioty swojej miłości: kochają kogoś lub coś. Ale jako wielcy artyści romantyczni kochają przede wszystkim... samą miłość — rozmiłowani w miłosnym marzeniu — jak Schumann; zdolni do najwyższego skupienia w miłości — jak Chopin; skłonni do miłosnych uniesień, wzlotów, porywów — jak Schumann, Liszt, Wagner, Mahler.

Jako znawcy i penetratorzy uczuć, tropiący ich zawiłą logikę (to, że i uczucia mają swoją logikę, odkrył w XIX wieku filozof i psycholog Franz Brentano), aby ją transformować w logikę utworu muzycznego, kompozytorzy romantyzmu wrażliwi są również na strony miłości bardziej ciemne, odcienie pesymistyczne; świadomi tego, że miłość jako stan graniczny naszej egzystencji rozpina się między biegunami: światłem radości a mrokiem rozpaczy; że miłość zdaje się stale przerzucać mosty istnienia nad przepaścią nicości; że miłość jest stale między życiem a śmiercią, że jest ona

„śmiercią podszyta". Ten właśnie egzystencjalny wymiar miłości najgłębiej odczuwali, i temu dawali przejmujący wyraz w swojej muzyce wielcy romantycy z początku i końca epoki: Schubert i Mahler. Oni właśnie najbardziej sugestywnie wyrażają miłosny pesymizm: smutek, ból, rozpacz, tragizm miłości; Schubert — w pieśniach z *Winterreise* i *Schwannengesang*, Mahler — w *Lieder eines fahrenden Geselle*.

I ta jeszcze istotna uwaga: język miłosny muzycznych romantyków — od Mozarta po Mahlera — ich sposoby wypowiedzi tknięte są pragnieniem miłości (najgłębiej u Chopina i Brahmsa) i przeniknięte tym, co jest źródłem miłości i nicią przewodnią miłosnych przeżyć: tęsknotą (metafizyczną), która nigdy w tym życiu, z istoty swej, ukojona być nie może, wynika bowiem z samego rdzenia ludzkiej „ekstatycznej" egzystencji.

Możliwie wielostronna, wieloaspektowa apologia muzycznego romantyzmu jest zamierzeniem i celem tych szkiców. Ów zaś romantyzm muzyczny niczym innym nie jest, niż urzeczywistnianym w sztuce dźwięków wcieleniem odwiecznego ducha romantyzmu, który nawiedza, z mniejszą lub większą siłą, kulturę europejską w kolejnych epokach jej rozwoju, a którego apogeum oddziaływania przypada właśnie na wiek XIX. To, że może być nazwany epoką romantyzmu, zawdzięcza on głównie wielkiej muzyce, która w drugiej połowie stulecia, po wygaśnięciu, pozornym zresztą, romantycznych prądów literackich, zachowuje w sobie ducha wiecznego romantyzmu.

Apologia znaczy obrona. Eksponować więc będę przede wszystkim przejawiające się w muzyce cechy romantyzmu pozytywne, wartości istotne; świadomy przy tym również cech romantyzmu negatywnych, stron ciemnych, mrocznych, nie-muzycznych.

W apologii tej chciałbym przede wszystkim odpowiedzieć na pytanie: dlaczego romantyzm muzyczny może stanowić dzisiaj — dla muzyków, kompozytorów, znawców i miłośników muzyki — wytęsknioną, utraconą i odzyskiwaną duchową ojczyzną.

Pisał niegdyś Juliusz Kleiner:

> Romantyzm był walką przeciwko zacieśnieniu życia i sztuki. Pełnią sił duchowych objąć pragnął pełnię życia i sięgać w bezkresy, w nieskończoność [...]. Romantyzm był wyrazem niepokoju twórczego i mieścił w sobie chaos nieopanowany. Miał niekiedy chorobliwe osłabienie woli, miał oderwanie myśli i uczuć od działania, zwrot nadmierny ku wspomnieniom. Niechęć wobec rzeczywistości bliskiej sprawiała, że wartość uczuciowa często zaczyna się dla niego tam, gdzie istnieje poczucie oddalenia. Tęsknota i marzenie są jego dziedziną — i gdy coś bliskiego ukocha, da mu perspektywę dali. Bliskość zlewa się z materialnością, oddalenie jest zdematerializowaniem. Toteż w zakresie sztuk te mu odpowiedzą najlepiej, które sprzyjają takiej postawie: muzyka, poezja, malarstwo. Nie wypowie się należycie rzeźbą ani architekturą. A jak udręką jego była niepełność życia — tak też skazany był na niepełność wysiłków twórczych. Bo styl epoki nie osiąga całkowitości, póki nie opanuje tworzenia ram artystycznych życia rzeczywistego — architektury. Zdobył się na to gotyk, renesans i barok. Romantyzm umiał tylko wskrzeszać dawne style budownictwa.
>
> Ale miał młodzieńczą żądzę nowej treści i nowej formy i młodzieńczy rozpęd wyzwalania się z więzów. Połowiczność panująca w świecie i narzucające się bolesne sprzeczności dawały mu czasem piętno nerwowego zdezorganizowania. W wystąpieniach jego była często poza, w walkach niewspółmierność celów i środków, nieliczenie się z możliwościami, złudy i omyłki.
>
> Mimo to nie tylko wielbiciel sztuki uzna bogactwo jego, wielkość linii wytyczanych i wartość osiągnięć. Nawet za-

> rzucający jego błędy społecznik musi uznać społeczną doniosłość prądu, który wobec życia zajmował konsekwentnie stanowisko twórcze i walczył o wielką przemianę[6].

Niechaj słowa wielkiego polskiego humanisty, badacza literatur i filozofa kultury, będą nicią przewodnią naszej tu wędrówki po romantycznych tematach!

---

[6] J. Kleiner, *W kręgu historii i teorii literatury*, Warszawa 1981, s. 175 nn.

II. WĘDRÓWKA

Ze szczytu gór schodzę w dół.
Dolina dymi, huczy morze,
Wędruję smutny i milczący
I tylko ciągle wzdycham: gdzie?
Słońce jest tutaj jakieś zimne,
Życie zszarzałe, zwiędłe kwiaty,
A każde słowo to dźwięk pusty.
Ja jestem obcy, obcy wszędzie.
Gdzie jesteś kraju ukochany?
Szukam, przeczuwam cię, nieznany!
Kraju, o kraju mej nadziei,
Kraju, gdzie kwitną moje róże,
I gdzie wędrują przyjaciele,
A moi zmarli zmartwychwstają,
Kraju, przeze mnie opiewany,

O kraju, gdzieżeś ty?
Wędruję smutny i milczący,
I tylko ciągle wzdycham: gdzie?
A w duchu słyszę wciąż niezmiennie:
Szczęście jest tam, gdzie nie ma ciebie!

(pieśń Schuberta *Der Wanderer*,
tłum. Krystyna Jackowska-Pociejowa)

Muzyka romantyzmu — od Schuberta po Mahlera — znaczona jest symboliką wędrówki, usiana obrazami wędrowania, a postać Wędrowca, jawna lub skryta, jest dla niej emblematyczna. W żarliwym pragnieniu wyrażenia wszystkiego — człowieka, świata, kosmosu, Boga, uczuć i myśli — muzyka romantyczna chce również wyrażać stan wędrowania i bycie wędrowcem; wędrówka należy do jej toposów głównych. To pragnienie muzyki odczytujemy z niej samej: z jej rozwijania, przebiegu, kształtowania, ruchu, rytmu, z melodii i barwy brzmienia; jak też ze związków muzyki ze słowem — w śpiewie. W tym wszystkim wędrówka się przejawia.

W muzyce romantycznej istnieje i działa idea wędrówki — uosobiona w postaci Wędrowca; wpływa ona na charakter muzyki, określa jej wyraz i formę.

Pieśń Schuberta *Der Wanderer* (*Wędrowiec*) — której tekst przytoczyliśmy na wstępie tego szkicu — należy, obok *Małgorzaty przy kołowrotku* i *Króla olch*, do wczesnych manifestów Schubertowskiego romantyzmu; a obecny w niej topos wędrowania odezwie się, po blisko stu latach, spotęgowanym echem u kresu muzycznej drogi romantyzmu, w *Pieśni o ziemi* Mahlera...

Samą zaś Wędrówkę — jej pojęcie, ideę, stan — tłumaczyć można symbolicznie jako wielką metaforę bytowania człowieka na ziemi. W XIX wieku, kiedy muzyka osiąga szczyty mocy wyrazowych, również filozofia przeżywa apogeum realizacji myślowych energii. W centrum zaś jej penetracji, rozważań, dociekań, refleksji jest problematyka życia i egzystencji. Zwłaszcza dla Kierkegaarda i Nietzschego, dwu niezwykłych romantycznych (w szerokim sensie) myślicieli (i poetów!), kwestie tyczące ludzkiego doczesnego bytowania są bezwzględnie najważniejsze. Powiedzieć można, że również muzyka w XIX wieku staje się — przez sekretne związki z filozofią — coraz bardziej „egzystencjalna"; że chce ona swoim dźwiękowym językiem na różne sposoby wyrażać palące problemy ludzkiego życia, symbolicznie przedstawiać sytuacje, stany i stadia egzystencji. Jednym z takich kluczowych stanów jest właśnie wędrówka. Metafora wędrowania sięga sedna ludzkiego bycia na ziemi. W muzyce romantycznej wędrówka prawdziwie rozkwita; stadia wędrowania, sytuacje wędrownicze tu znajdują najlepsze media dla swoich przejawów.

Romantyzm muzyczny odkrywa wędrówkę na nowo. Bo przecież poczucie (egzystencjalne!) wędrówki, wędrowania, wędrowniczości, jest tak stare jak ludzkość sama, wędrówka należy do archetypów kultury. Wszak literatura Europy wspiera się na dwóch epickich filarach i czerpie z dwu życiodajnych źródeł: greckiej *Odysei* i rzymskiej *Eneidy*; postacie wielkich wędrowców, Odyseusza i Eneasza, patronują jej dalszym losom. Archetyp wędrówki funkcjonuje też w wielkich religiach świata, a jej symbolika tyczy zarówno życia ziemskiego, jak i preegzystencji i peregrynacji dusz.

Wędrówka jest także u źródeł naszej chrześcijańskiej kultury — nie tylko jako sytuacja intencjonalnie symboliczna, lecz także realnie życiowa. Wszak Wędrowcem (egzystencjalnie niezakorzenionym) był sam Chrystus; wędrowcami byli Jego Apostołowie; w swoim zaś nauczaniu nawołuje On do porzucenia wszystkiego i pójścia za Nim; a to wezwanie ma ludziom uświadamiać, że w rzeczywistości nie mają miejsca stałego; że trwałość każdego zamieszkiwania ziemi jest względna... Tu wszakże dotykamy szczególnej dialektyki wędrówki romantycznej: wynika ona z napięcia między ruchem a bezruchem, poruszeniem a uspokojeniem, między zmiennością a stałością, między stawaniem się a bytem. W wędrowniczym światoodczuciu popęd wędrowania naprzód ściera się z chęcią powrotu, umiejscowienia, zakotwiczenia. Poczucie bez-osłonności, bezdomności współgra z pragnieniem zadomowienia, dachu nad głową, domowego ogniska. W pierwszej scenie *Walkirii* Wagnera ścigany przez wrogów Siegmund wpada do cudzego domu i wyczerpany osuwa się przy palenisku. To stadium wędrówki skrajne: ucieczka instynktownie szukająca schronienia.

Wędrówka, jako stadium życia, sytuacja egzystencjalna, jest wykwitem romantycznej wrażliwości i świadomości „człowieka romantyzmu". Może być on wprost nazwany Wędrowcem wędrującym przez wieki w kolejnych swoich wcieleniach.

Cóż bowiem znamionuje człowieka tkniętego wiecznym romantyzmem? Jak odczuwa on i pojmuje siebie, rzeczywistość, świat? Przyjmijmy, że taki typ o określonych cechach psychicznych i aspiracjach duchowych istnieje i pojawia się w historii kultury zachodniego świata. Jakie cechy jego (domniemanej) osobowości pozwalają mówić o „wiecznym romantyzmie"?

Przede wszystkim jest ów człowiek „dialektycznym dualistą". A to znaczy, że w otaczającym go świecie — i w samym sobie — wyczuwa on i ostro widzi sprzeczności, antynomie, dychotomie, antagonistyczne złożenia sięgające sedna istnienia, rdzenia bytu. Czuje wielkie napięcia między biegunami: dobra i zła, piękna i szpetoty, wolności i zniewolenia, ducha i materii, duszy i ciała, życia i śmierci; wyczuwa rozziewy między uczuciem a myślą, marzeniem a czynem, kontemplacją a działaniem, byciem w sobie a byciem dla innych, skończonością a nieskończonością... Te przeciwieństwa — a można by je mnożyć! — pragnie nie tyle godzić, ile znosić je w dynamicznym ruchu stawania się. Ów „wieczny romantyk" wywodzi się ze starego korzenia heraklitejskiego, i jest w jakimś sensie... heglistą. Wie, że on sam, jako człowiek, tyleż jest, co staje się, tyleż istnieje, co się kształtuje i jest kształtowany.

Człowiek wiecznego romantyzmu jest — w swych pragnieniach, dążeniach, działaniach — maksymalistą. Czuje w sobie nieprzepartą chęć przekraczania granic, pożąda bezgraniczności, pragnie transcendencji. Samego siebie odczuwa jako „byt otwarty”, „ekstatyczny”. Dlatego też niełatwo go scharakteryzować; z narzucanej nań siatki pojęć jego istota ciągle się wymyka.

Czy ten odwieczny duchowy Wędrowiec jest, w odczuwaniu świata i swojego w nim miejsca, „pesymistą” czy „optymistą”? On się raczej w tych kategoriach nie mieści; wchłania w siebie zarówno pesymizm, jak optymizm, by egzystować pomiędzy nimi, jednako wyczulony na to, co w losie ludzkim mroczne, tragiczne, jak i na to, co jasne, radosne... Rzec można, iż równie bliski jest mu płacz jak śmiech.

Człowiek romantyzmu mówi językami sztuk: poezji, malarstwa, muzyki. W jego też wrażliwości i świadomości powstaje symboliczny język dźwiękowy wędrówki w swych charakterystycznych zwrotach, figurach, idiomach. Język ów wynika z samej natury muzyki jako sztuki formowania ruchu dźwięków. Ruch organizowany rytmem jest podstawą, rdzeniem i sednem muzycznej symboliki wędrówki.

Muzyka romantyczna sugestywnie wyraża stany emocjonalne wędrowania, uczucia różne, jakie sytuacja wędrówki ze sobą niesie: radość i smutek, optymizm i pesymizm, jasność i mrok, ożywienie i znużenie...

Muzyka romantyczna obrazuje różne aspekty wędrówki, a czyni to przez różnicowanie ruchu, toku, narracji. Znamionuje tedy wędrówkę z jednej strony pewność celu — w dynamicznie marszowym kroczeniu naprzód — jak w temacie czołowym *VI Symfonii* Mahlera. Z drugiej strony wszakże — pokazuje Wagner we Wstępie do III aktu *Parsifala* — cel może być niepewny, zagubiony wędrowiec błądzi; wahający się ruch wspiera harmonika, tonalnie niedookreślona, wieloznaczna.

Muzyka romantyczna sugestywnie wyraża stany emocjonalne wędrówki, odcienie uczuciowe jasne i ciemne, wędrowniczy optymizm i pesymizm, radość i smutek wędrowania; wędrówkę jako przypływ sił życiowych, pełną nadziei, i wędrówkę wygnańczą, beznadziejną, jako przejaw zmęczenia życiem. Jak i czym to muzyka wyraża?

Można to ująć tak. Wyrażona (opisana) muzyką sytuacja wędrówki powstaje w efekcie szczególnej (dialektycznej) syntezy, a składają się nań: współgranie czterech rodzajów ruchu: uporczywego kroczenia, fatalistycznego pędu i wiru, tańca, ruchu błądzącego; wyobrażenia rozległej przestrzeni: rozpiętość między górą a dołem; wrażenie przemierzania wielkich obszarów, odsłaniania nowych horyzontów; perspektywa w głąb i w dal; różnicowanie planów; efekty wyobcowania i zagubienia... To wszystko, czego obfitość przykładów znajdujemy w partyturach mistrzów romantycznego symfonizmu: Berlioza, Liszta, Wagnera, Brucknera, Straussa i nade wszystko Mahlera.

W początkach stulecia Schubert, a z jego końcem Mahler, jawią się nam jako najwięksi wędrowcy metafizyczni muzyki romantycznej, mistrzowie romantycznej sztuki wędrowania w muzycznych przestrzeniach. Jakże różne są osobowości tych dwu twórców, z tego samego obszaru ziem cesarstwa austriackiego pochodzących!

Mahler, w którego osobie wielki dyrygent zespolił się — acz nie bez konfliktów! — z genialnym kompozytorem, życie miał intensywne i dynamiczne, wypełnione dyrygowaniem koncertów i oper, artystycznymi podróżami po Europie i Stanach Zjednoczonych Ameryki, i tym oczywiście, co stanowiło dlań sedno życia: komponowaniem. Swą egzystencję dzielił na bycie w świecie i dla świata — ekstensywne — i bycie dla siebie i swojej muzyki — intensywne.

Schubert — romantycznie patronujący Mahlerowskiej muzyce! — którego świat ograniczał się zasadniczo do Wiednia i okolic, który nigdy poza granice Austrii nie wyjechał; skupiony tylko na swojej muzyce. Człowiek „nikłej postury", niepozorny, w życiu samotny — w przeciwieństwie do Mahlera — bezżenny i bezdzietny, choć bynajmniej nie odludek! Przeciwnie — ceniący dobre towarzystwo przyjaciół; słynne wszak były wiedeńskie „schubertiady"!

Łączyło zaś ich to, że obaj jako artyści genialni byli „nadwrażliwcami", równie skłonni do radosnych euforii, co do depresyjnych załamań. I obaj też — jak mniemać można — do rdzenia swych osobowości czuli się wędrowcami, w najgłębszym, duchowym sensie tego słowa. O czym — niezależnie od ich osobistych wypowiedzi — najlepiej, najwyraźniej, najpełniej świadczy ich muzyka.

Człowiek romantyzmu wędrówkę — jako stan egzystencjalny — przeżywa; przechodzi przez jej różne stopnie, odcienie, stadia uczuć. Genialną panoramą muzyczną tak pojętej wędrówki są dwa cykle pieśni do słów Wilhelma Müllera, powstałe w ostatnich latach życia Schuberta: *Piękna młynarka* (*Die schöne Müllerin*) i *Podróż zimowa* (*Winterreise*). Obrazują one dwa etapy egzystencjalnej wędrówki: wędrówkę młodzieńca i wędrówkę człowieka dojrzałego.

Zrazu wędrówka wiosenna brzegiem strumienia (towarzysza i powiernika uczuć wędrowca) zdaje się czystą radością. Rychło jednak uczucia się różnicują: uniesienie, zachwyt, nadzieja, niepewność, zazdrość, żal, smutek, gorycz, rezygnacja, i wreszcie samobójczo-sielankowe ukojenie w nurcie strumienia …

W wiosennej świeżości uczuć, w sielskich obrazkach, radosnych i smutnych scenkach, w uroczych „rozmowach" zakochanego chłopca ze strumieniem, jest wszakże *Piękna młynarka* dopiero przygotowaniem drugiego etapu wędrówki: *Podróży zimowej* — posępnej, samotnej, podszytej śmiercią, tragicznej. Z młodzieńczej miłości pozostało tylko wspomnienie o słodko-gorzkim posmaku; cały ów genialny dramat psychologiczny w formie cyklu pieśni utkany jest z okruchów, refleksów wspomnień. I jakkolwiek narrator, tutaj człowiek już dojrzały, oddala się przestrzennie od źródła wspomnień — domu ukochanej — to przecież uwolnić się od nich całkiem nie może. *Podróż zimowa* to wędrówka refleksyjna, rozpamiętująca, przeniknięta miłosno-metafizyczną tęsknotą. „Podróż sentymentalna" (z *Pięknej młynarki*) przeobraża się w podróż metafizyczną.

Metafizyczna tęsknota w *Podróży zimowej* Schuberta jest bolesnym rozpamiętywaniem utraconej realności czasu przeszłego. Genialna wyobraźnia romantycznego kompozytora kreuje, na kanwie wierszy romantycznego poety, swego rówieśnika, łańcuch symbolicznych obrazów — widzianych okiem samotnego wędrowca: lipa w domowym obejściu (*Der Lindenbaum*); błędny ognik (*Irlicht*); kracząca wrona w pustym polu (*Die Krähe*); drogowskaz wskazujący drogę, z której nie ma powrotu (*Der Wegweiser*); cmentarz jako „gospoda" zapraszająca do spoczynku (*Der Wirtshaus*); wreszcie — symboliczny kres wędrówki w przejmująco ascetycznym obrazie starego lirnika (*Der Leiermann*):

NA OBRZEŻU WIOSKI
Lirnik przyszedł grać —
Sztywnymi palcami
Kręci jak go stać.
Boso, wprost na lodzie
Chwiejąc się wciąż tkwi
A w jego miseczce
Nigdy nie ma nic.
Nikt go nie chce słuchać,
Nikt nie spojrzy tu,

Wokoło starego
Warczy zgraja psów.
Godzi się na wszystko:
Było jak być ma;
Kręci ciągle korbą
A lira wciąż gra.
O przedziwny starcze,
Dasz ze sobą iść?
Czy zechcesz na lirze
Grać do pieśni mi?
(tłum. Krystyna Jackowska-Pociejowa)

Podejmując u schyłku wieku temat romantycznej wędrówki młody Mahler, w *Pieśniach wędrującego czeladnika — Lieder eines fahrenden Geselle* — nawiąże do Schuberta. Ruch — rytm wędrowania — przenika muzykę Mahlera od jej początków po dzieła ostatnie: *Pieśń o ziemi*, *IX* i *X Symfonię*; dźwiękowa symbolika wędrówki jest w niej stale obecna. A przejawia się ona przede wszystkim w nadrzędnym rytmie marsza — najrozmaitszych odmian i odcieni. Mahler scala i przetwarza bogactwo doświadczeń marszowych kompozytorów XIX wieku — od Beethovena począwszy; otwiera też przed marszem, toposem muzyki romantycznej, perspektywę egzystencjalno-metafizyczną. Rzec można, iż podmiotem marsza jest tu człowiek w drodze, wędrowiec przemierzający przestrzeń świata — natury i kultury — i zdążający ku swemu przeznaczeniu znaczonemu trzema hasłami: śmierć, nicość, wieczność.

Wędrowiec Mahlerowski wędruje po ziemi trawiony głodem transcendencji, tęskniący (romantycznie) ku dali; marsz otwiera przed nim metafizyczną perspektywę nieskończoności. Rysują się też w muzyce Mahlera zasadnicze stadia wędrówki, stopnie relacji między wędrowcem a światem (ziemskim), przez który wędruje: optymistyczne, jasne stadium prostej harmonii między wędrowcem a naturą (romantycznie pojętą i odczuwaną) — we wstępie *I Symfonii* (spokojna kontemplacja piękna natury może być też celem wędrówki — jak w części drugiej z *III Symfonii*); nostalgiczne stadium samotności, osamotnienia, wyobcowania: w *I Nachtmusik* z *VII Symfonii*; pesymistyczne, ciemne stadium fatalistycznego „bycia-ku-śmierci", jak w pieśni (żołnierskiej) *Apel* (*Revelge*), otwierającej cykl *Des Knaben Wunderhorn;* wreszcie stadium mistycznego pojednania Wędrowca z ziemią i światem: w ostatniej części *Pieśni o ziemi* (*Das Lied von der Erde*):

POŻEGNANIE (ABSCHIED)

A dokąd idę? Idę, wędruję górami,
Spoczynku pragnie me samotne serce
Wędruję do ojczystych stron. Schronienia mego.
Już nigdy, nigdy w dal nie powędruję.
Ciche jest serce moje, swej godziny czeka!
Umiłowana ziemia rozkwita wiosną, zieleni się cała
Od nowa! I wszędzie i wiecznie błękitnieją świetliste dale
Wiecznie... wiecznie...

(tłum. Krystyna Jackowska-Pociejowa)

III. W ŻYWIOLE UCZUĆ. MOWA DŹWIĘKÓW

W epoce romantyzmu muzyka jako mowa dźwięków przeżywa swoje drugie apogeum. Pierwsze miała w epoce baroku, u Bacha. Tam mowa muzyki była retoryczna, oparta na dźwiękowych figurach wywiedzionych z retoryki słownej i znaczących określone „afekty", czyli stany emocjonalne. Teraz, po stylistycznym przełomie w drugiej połowie XVIII wieku, muzyka, wyzwolona (acz niezupełnie) z „barokowej" retoryki, chce mówić uczucia wprost, całą sobą, swymi elementami: melodią, harmonią, barwą; tokiem, narracją, konsystencją, ciężarem i lekkością, głośno i cicho; chce mówić swoją substancją i formą. Muzyka w nowy sposób otwiera się na uczucia, przejmuje w siebie sferę ludzkich emocji, nasyca się nimi, sublimuje w dźwięki, brzmienia, struktury dźwiękowe, a wszystko po to, aby mówić uczucia własnym muzycznym językiem.

„Mówić"? A nie po prostu „wyrażać? Oczywiście, że uczucia z natury swej muszą być wyrażane; wyraz, ekspresja, wynika z ich istoty. Jednakże terminy „mowa", „mówienie" przydają tu funkcji ekspresywnej dodatkowego waloru humanistycznego, wskazują na wspólnotę mowy jako *signum* człowieczeństwa.

Wszystkie bowiem sztuki mówią, każda właściwym sobie językiem; w szerokim sensie mowy, nieograniczonej tylko do języka słów i pojęć. Zdolność mówienia do nas — widzów, czytelników, słuchaczy — jest oznaką życia sztuki: malarstwo mówi językiem barw, konturów, kształtów; poezja — językiem słów. Muzyka mówi językiem dźwięków. Można ujmować jej historię również i w tym aspekcie: jako dzieje jej mowy — od średniowiecza do naszych czasów. A w tak ujętej historii jeden trend dominuje: muzyka z upływem wieków staje się coraz bardziej wymowna; jej mowa stale się rozwija, wzbogaca, różnicuje, intensyfikuje, muzyka mówi coraz mocniej; poruszana tajemniczą siłą ewolucji zdąża do tego pierwszego szczytu wymowności, jaki osiągnie w twórczości Bacha. I jakby nie dość jej było tej pełni, po osiągnięciu pierwszego apogeum swej wymowności, stylistycznie przeobrażona, zmierza do osiągnięcia drugiego — romantycznego!

Wrażenie mowy w muzyce romantycznej wzmaga się jeszcze przez szczególne (i częste) podobieństwo ruchu, rysunku, kształtu dźwiękowego do przejawów żywego języka słów. Formy i dynamika narracji dźwiękowej upodabniają się do form i dynamiki narracji słownej. Inspiracja języka — żywego, literackiego, poetyckiego, dramatycznego — działa w medium kształtowanej muzyki. Mówić można wręcz o formowaniu materii muzycznej przez słowo. Z ujętej pod tym kątem muzyki XIX wieku wywieść się daje bogaty i zróżnicowany zasób zwrotów, fraz, idiomów bezsłownego języka, określających — „mówiących" — różne sytuacje i stany: liryczne, epickie dramatyczne, ludyczne, żartobliwe.

Oto przykłady. Mowy tkliwej, czułej, intymnej: Schubert — *Impromptu Ges-dur* op. 90; mowy wibrującej namiętnością: Chopin — *Larghetto* z *Koncertu f-moll*, część środkowa; dramatycznego dialogu: Schubert — *Andantino* z *Sonaty A-dur* D 959, część środkowa; gwałtownego jakby sporu: Chopin — *Preludium f-moll*; przejmującej skargi: Schubert — część 2 z *Sonaty B-dur* D 960; rozmowy lekkiej, żartobliwej: Schubert — *Trio fortepianowe B-dur*, *Scherzo*;

Caspar David Friedrich, *Krzyż nad Bałtykiem*

refleksji głębokiej, rozmowy poważnej: Chopin — *Etiuda cis-moll* op. 25 nr 7. Rzec można, iż muzyka wchłania w siebie mowę języka słów, uzurpuje sobie jego prawa, reguły, zasady...

Podobieństwa do mowy słownej znamienne były zresztą dla muzyki już w epoce baroku; tam również mowa retoryczna w jakiś sposób ją kształtowała, według wzorów — toposów — przemowy, monologu, dialogu; opisu, perswazji, mowy wzburzonej i uspokojonej... Mowa muzyki instrumentalnej tamtej epoki wykształcała się na gruncie opery. W romantyzmie natomiast, wyzwolonym (choć niezupełnie) z retoryki, emocjonalna mowa muzyki rozwija się pod wpływem literatury, jej gatunków, rodzajów, form, tak silnym i głębokim, jak nigdy dotąd. Związki między muzyką i literaturą zacieśniają się na nowych zasadach, różnicują, komplikują. Obie dziedziny przenikają się: muzyka staje się bardziej literacka, literatura — bardziej muzyczna. Poezja, proza narracyjna, dramat oddziałują na muzykę. Literatura niuansuje dźwiękową substancję, uelastycznia strukturę, rozluźnia tok, uwieloznacznia narrację, potęguje i różnicuje ekspresję, przydaje muzyce lotności, zwiewności, fantazyjności; swoiście otwiera jej formę opatrując ją niby znakami zapytania... Przeniknięte uczuciem, emocjonalnie żywe toposy literackie znajdują odzwierciedlenie w muzyce. I tak muzyka upodabnia się do rozmowy i wyznania. Te dwie zwłaszcza sytuacje, zadomowione w literaturze, stają się również kluczowe dla romantycznej mowy dźwięków.

Muzyka więc inspirowana bywa rozmową i wyznaniem, a każde z tych pojęć sygnuje określoną sytuację ludzkiego życia. Z każdego też rozwinąć można wachlarz odmian i odcieni. Rozmowa bytuje w języku — mówionym i pisanym; jej pierwszym artystycznym medium jest literatura. Rozmawiam z kimś drugim, a także z samym sobą. Zdarza mi się rozmawiać z psem, kotem, koniem, ptakiem; także z rzeką, strumieniem, jeziorem, morzem, łąką, lasem, drzewem, górą, doliną. Rozmawiam z osobą z krwi i kości, jak również z postacią fikcyjną, iluzoryczną, z duchem. Ludziom głębokiej wiary zdarza się rozmawiać z Bogiem... Jednakże z całej mnogości odmian znaczenie zasadnicze ma tylko to: rozmowa bezpośrednia z kimś drugim w relacji Ja-Ty, na osi pytania i odpowiedzi (jak w ekspozycji fugi). Taka rozmowa zakłada równorzędność partnerów: mówię do ciebie i ty mówisz do mnie; pytam ciebie, a ty mi odpowiadasz, ty mnie pytasz i ja odpowiadam tobie... Tak rozmowa się toczy; tak rozwija się dialog, dysputa...

Rozmowę (muzyczną) można komponować, dialog można dramatyzować, rozmowie można nadawać formę, nowatorską i oryginalną — jak niegdyś w madrygałach Monteverdiego. W odkrywanej przezeń nowej muzyce, kreowanej nowej formie impuls formotwórczy rozmowy działa dynamicznie i rozszerzająco. W madrygałach *VIII Księgi* przestrzeń dialogu się różnicuje, pulsuje zmiennością rytmów, głosów, barw — czego znakomitym przykładem jest madrygał *Giro il nemico...*

W obszarze historii muzyki od Monteverdiego po Mahlera impuls rozmowy działa stale, ze zmienną siłą i natężeniem, tyczący różnych muzyki aspektów. Czterej zwłaszcza kompozytorzy — Monteverdi, Bach, Mozart, Mahler — jawią się w nowożytnych dziejach muzyki jako najwięksi geniusze sztuki komponowania muzyki inspirowanej rozmową. Powiedzieć można, że z madrygału Monteverdiego wywodzi się Bachowski koncert, duet, aria; a z tychże z kolei form — ansambl Mozarta; i że to wszystko wreszcie wchłonie i przetworzy w styl własny geniusz „kolorystycznego kontrapunktu" Mahlera...

W przeciwieństwie do dialogowej sytuacji rozmowy, sytuacja wyznania jest monologowa: ktoś tylko mówi i ktoś tylko słucha. W muzyce modus czy topos wyznania jest przejawem świadomości nowożytnej, odkryty i eksponowany przez Monteverdiego, przede wszystkim jako wyznanie miłosne; przybierający też postać *lamento*, skargi, duchowego dramatu miłości zawiedzionej, nieszczęśliwej (*Lamento d'Arianna*). W przeciwieństwie do rozmowy, która bywa różnej wagi, wyznanie jest zawsze poważne, wynikające z głębi duszy. W odróżnieniu od rozmowy, która może balansować na krawędzi prawdy i zmyślenia, wyznanie musi być zawsze zgodne z prawdą, z prawdziwości wynikać i prawdę mieć na celu..

Wyznając coś komuś, kierując wyznanie do kogoś — człowieka, Boga — chcę Go o prawdziwości moich słów, o szczerości mojego wyznania przekonać. Stąd gorąca ekspresja literackich, poetyckich i muzycznych wyznań; stąd kunsztowne środki — figury stylistyczne (*Wyznania* św. Augustyna!) i formy artystyczne. Stąd — w muzyce przejmujące piękno melodii, wyrazistość melodycznej mowy, jako głównej przekazicielki wyznań transformowanych w dźwięki. Modus bowiem czy topos wyznania jest i dla muzyki nader znamienny, w dwóch kolejnych wielkich epokach jej dziejów — baroku i romantyzmie. Po żarliwie pięknych wyznaniach Monteverdiego, inspirowanych włoską liryką miłosną, wiek później, u Bacha znajdujemy podobnie intensywne i piękne, a wynikające z uczuć religijnych: uwielbienia Boga, umiłowania Chrystusa. Wielką siłą wyznania Wiary tchnie *Msza h-moll*. Ta siła sto lat później, w *Missa solemnis* Beethovena, bardziej się subiektywizuje, nabiera gorąco-romantycznej temperatury uczuć.

Tak więc bieguny przestrzeni romantycznego wyznania w muzyce wyznaczają Miłość i Wiara. Muzyka — z jednej strony — wyznaje uczucia miłosne: najczulej, najsubtelniej, najpiękniej, romantyczną mową uczuć melodii, harmonii, barwy brzmienia — jak w nokturnach Chopina. Z drugiej zaś strony bywa muzyka wyznaniem Wiary: głośnym, dobitnym jak w *Requiem* Verdiego czy Mahlerowskiej *VIII Symfonii*, ale też intymnym, skupionym — jak w pieśni *Urlicht* (*Praświatło*) z *II Symfonii* Mahlera.

> O Różo czerwona!
> Człowiek jest w największej potrzebie,
> Człowiek jest w największej udręce!
> O jakże chętnie byłbym w niebie!
> Wyszedłem więc na szeroką drogę,
> a wtedy nadleciał aniołek i chciał mnie odprawić.
> Ach nie! Nie pozwoliłem się odprawić:
> Wszak jestem z Boga i do Boga chcę wrócić!
> Ukochany Bóg da mi światełko,
> będzie mi przyświecał do wiecznego błogiego życia!
>
> (tłum. Krystyna Jackowska-Pociejowa)

Omawiane tu sytuacje — toposy — romantycznej mowy dźwięków rozgrywają się w przestrzeni emocji wzmożonej, w „żywiole uczuć". Czy tylko „uczuć"? Czy istotnie „żywiołu"? Według potocznego mniemania uczuciowość bezpośrednia stanowi sedno romantycznej mowy dźwięków. Jest ona w istocie mową emocji; i jeśli coś lub kogoś znaczy, przedstawia, symbolizuje, coś czy o czymś mówi, to czyni to poprzez uczucia. Muzyka romantyczna wynika wprost z „siedliska uczuć". Ekspresja emocjonalna — subiektywna — jest sednem jej oddziaływania. Muzyka romantyczna, wywiedziona przez kompozytora ze sfery uczuć, zdolna jest — według potocznej opinii — poruszać w nas wszystkie ich struny, grać na pełnej skali ekspresji emocjonalnej, bo tylko taka ekspresja subiektywnie-uczuciowa właściwa jest muzyce. Czy wszelkiej muzyce, muzyce w ogóle?

Sprawa nie jest tak prosta. To prawda, że cechą naczelną muzyki romantycznej — od Mozarta po Mahlera — jest wzmożona uczuciowość, spotęgowanie ekspresji emocjonalnej. Że muzyka wpisuje się w krąg uczuć, porusza się w ich sferze z fantastyczną swobodą, wyraża je nadzwyczaj sugestywnie, na różne sposoby: miłość wszelkich odcieni, powagę i wesołość, radość i smutek, żal, tęsknotę, niepokój, wzburzenie, uspokojenie, szczęśliwość, melancholię, gniew, lęk, grozę, uniesienie, rozpacz...

Pamiętajmy jednak, że muzyka wyraża nie tylko uczucia, że jej ekspresja nie ogranicza się do tej sfery, że jest ona pod tym względem bardziej złożona. Wyróżnić w niej można mianowicie dwa poziomy, dwa stadia ekspresji: ekspresję substancjalną, obiektywną, wynikającą z samego brzmienia, rdzenia struktury dźwiękowej (czego znakomitym przykładem jest *Ricercar a 6* z *Musikalisches Opfer* Bacha) oraz budowaną dopiero na niej ekspresję emocjonalną, znamienną zwłaszcza dla muzyki romantyzmu.

Ta pierwsza ekspresja — w muzyce europejskiej dominująca aż po wiek XVI — warunkuje drugą. Ona też — czysto muzyczna ekspresja substancjalna — jest podstawą właściwego przeżycia wszelkiej muzyki.

Powiedzieć, że muzyka wyraża uczucia bezpośrednio, jest uproszczeniem. Muzyka uczucia wchłania, sublimuje i transformuje w dźwięki, aby je wyrazić jako uczucia muzyczne, do uczuć „życiowych" ludzkich tylko podobne. Tak więc i muzyka romantyczna, ze swą (rzekomą) „hipertrofią uczuć", jest niby wielka, rozległa, różnopoziomowa analogia uczuć. Może więc tytuł-hasło tego szkicu opatrzyć by należało cudzysłowem? W życiu bowiem potęgowane i podgrzewane do „stanu wrzenia" namiętności bywają istotnie żywiołem, który człowieka ponosi, nad którym trudno zapanować, mają w sobie pierwotnie żywiołową energię: uczucia miłosne, uczucia jasne i ciemne, wzniosłe i przyziemne, szlachetne i niskie...Oto jak pisarz i poeta romantyczny Alfred de Musset w swoich *Wyznaniach* (*Spowiedź dziecięcia wieku*) przedstawia żywioł gniewu, jaki go niegdyś opanował:

> Wróciłem do domu bardzo spokojnie, nie doświadczając niczego, nie czując nic, jakby wypruty z myśli. Zacząłem się rozbierać i rzuciłem się na łóżko, ale ledwie przyłożyłem głowę do poduszki, duchy zemsty chwyciły mnie z taką siłą, iż wsparłem się nagle o ścianę, jak gdyby wszystkie mięśnie moje stały się z drzewa. Wyskoczyłem z łóżka krzycząc, z wyciągniętymi rękami, zdolny stąpać jedynie na piętach, tak ścięgna były skurczone. Spędziłem w ten sposób blisko godzinę, oszalały, sztywny jak szkielet. Był to pierwszy atak gniewu, jakiego w życiu doznałem[1].

Jednakże w sztuce, jej utworach, dla których forma jest warunkiem koniecznym zaistnienia, w sztuce w ogóle, której atrybutem jest mówienie, wyrażanie, przedstawianie, wszelki żywioł uczuć musi być poddawany dyscyplinie struktury. Tym samym traci on swą pierwotną żywiołowość; w medium sztuk — poezji, malarstwa, muzyki — podlega estetyzacji. Powiedzieć można tak: twórca romantyczny — poeta, malarz, kompozytor — chcąc w swoich utworach uczucia wyrażać, odkrywa dla siebie w tym irracjonalnym żywiole swoistą logikę artystycznego prawdopodobieństwa. Zwłaszcza kompozytor władający dźwiękową „mową uczuć" zdaje się być najbliższy sedna tej logiki.

---

[1] A. de Musset, *Spowiedź dziecięcia wieku*, tłum. T. Boy-Żeleński, Warszawa 1979, s. 46–47.

Kompozytor romantyczny, rzec można, penetruje uczucia, wnika w ich zawiłą logikę, aby ją najcelniej, najsugestywniej środkami muzycznymi wyrazić, własną mową dźwięków wypowiedzieć. A te dążenia kompozytorów romantycznych nie przypadkiem może zbiegają się w czasie z dociekaniami Franza Brentano, oryginalnego filozofa i psychologa, prekursora fenomenologii, odkrywającego m.in. w sferze uczuć ich swoistą (paradoksalną?) logikę.

Na czym więc polega muzyczna logika uczuć? W czym tkwi jej podobieństwo do logiki w pierwszym znaczeniu? Zasadza się ona na sugestii wynikania, opiera się na prawzorze logiki klasycznej: sylogizmie. Stany emocjonalne wiążą się ze sobą, uczucia warunkują się wzajemnie: przez kontrast i podobieństwo. Transformowane w dźwiękach emocje przepływają, falują, oscylują, nawracają, według jakichś logikopodobnych zasad. Sytuacją zaś zasadniczą — „archetypową" — dla tej logiki byłby oscylujący kontrast trybów tonalnych *dur-mol*. Stosuje go już Mozart w romantyzujących miejscach swojej muzyki (na przykład w fortepianowym *Rondo a-moll*). Ów substancjalny topos ekspresji muzycznej romantyzmu prawdziwie rozkwitnie w pierwszej fazie romantyzmu, u Schuberta; przeżyje zaś rozkwit ponowny za lat kilkadziesiąt, w romantyzmu fazie ostatniej, u Mahlera.

Muzyczna „logika uczuć" charakteryzuje się dynamiczną płynnością stanów. Sublimowane w dźwiękach emocje narastają, kulminują, wygasają, zmieniają się, przekształcają: ściemniała powaga rozjaśnia się, pochmurność się rozpogadza, smutek przechodzi w radość, niepokój w uspokojenie, tęsknota wypełnia się nadzieją... Stanom emocjonalnym właściwa jest swoista otwartość, podatność na zmiany, niestabilność; ruch uczuć podobny jest ruchowi Natury, z „kapryśną" logiką jej zmienności: mrok rzednie,

„blask ciemnieje", wiatr rozprasza chmury, po nocy następuje dzień, po dniu noc, po burzy niebo się rozjaśnia...

Tę logikę zmiennych stanów uczuciowych znać zwłaszcza w cudownych sublimacjach zakończeń mazurków i nokturnów Chopina.

Spytać by jeszcze można, czy owa „logika uczuć" nie jest aby czymś tylko życzeniowym, niejako wmówionym tej (z natury irracjonalnej) sferze przez sztukę wiązania dźwięków — z jednej strony, a przez (z natury racjonalną) filozofię — z drugiej?

Choćby nawet tak było, to przecież cenne i fascynujące są same takie próby owładnięcia tym „ciemnym" żywiołem przez myśl muzyczną — wysoce przez kompozytorów romantycznych rozwiniętą — i myśl filozoficzną. Romantyczny (bo chyba go takim można nazwać) filozof transformuje stany uczuć w subtelne struktury pojęciowe; i z drugiej strony — romantyczny kompozytor przetwarza uczucia w piękno dźwiękowe żywe, gorące, wibrujące emocjonalną ekspresją. Albowiem piękno muzyki wielkich kompozytorów romantyzmu dlatego jest tak intensywne, dlatego ma tak bezprzykładną siłę oddziaływania, bo wchłonęło ono w siebie całą energię ludzkich uczuć!

Słuchając muzyki wielkich romantyków — od Schuberta po Mahlera — doznaję często jakby iluminacji: całym sobą odczuwam — intuicyjnie, bezpojęciowo, muzycznie — samą istotę romantyzmu. Próbuję też wczuwać się w muzycznie nadpojęciową świadomość (czy nadświadomość) tamtych czasów, w nadsłowny sposób przeżywania rzeczywistości. Nam dzisiaj trudno jest już pojąć wagę, doniosłość i piękno tej romantycznej intuicji świata. W poszukiwaniu istoty romantyzmu trzeba by więc może sięgać bardziej w głąb, pod powierzchnię struktur pojęciowych filozofii, do źródeł tych intuicji, którymi systemy pojęć są poruszane.

Tutaj, być może, zarysuje się nam jakaś muzykocentryczna prefilozofia romantyzmu, a z gąszczu problemów wyłoni się coś praźródłowego, co tylko muzyką może być wyrażone...

Wizja poetycka Słowackiego, aforyzm Novalisa, konstrukcja pojęć Schellinga, wizja malarska Friedricha — ukazują nam istotę romantyzmu w zapośredniczeniu. Ale narracja pieśni i śpiew instrumentalny Schuberta, zwiewna fraza Schumanna, przejmująco piękna mowa melodii i harmonii Chopina, wyrazista mowa barw orkiestrowych Berlioza i Wagnera; ekstatyczna narracja adagiów Brucknera, refleksyjna melodyczność Brahmsa, czarodziejstwo barw w metafizycznej czasoprzestrzeni Mahlera — ujawniają nam, nadsłownie i nadpojęciowo, samo sedno romantyzmu. Doznając takiej muzyki, wibrującej ekspresją uczuć, wiem, co to jest romantyzm! Objawia mi się on nie w klasycznej doskonałości formy (choć ziarna klasycyzmu w sobie zachowuje!), ale w pięknie żywym, gorąco intensywnym, w poruszeniu głębokim, olśnieniu, uniesieniu, zachwycie. Romantyzm zdaje mi się być niczym innym, niż rzeczywistością przenikaną do rdzenia nieuspokojonym pięknem. Romantyzm to formotwórczy niepokój piękna dążącego do urzeczywistnienia — w dźwiękowym „żywiole uczuć".

IV. MALOWAĆ DŹWIĘKIEM

Pisał u schyłku XVIII stulecia Ludwig Tieck, romantyczny pisarz i myśliciel:

> Ilekroć zaglądam do wnętrza cudownego świata i wyobrażam sobie, że widzę go po raz pierwszy, tylekroć zdumiewa mnie nieskończona różnorodność form, rozmaitość zachowań, jakimi każda istota wyróżnia się pośród pozostałych. Jak różnorako porusza się wszystko, co żywe i nieożywione, stworzenie, głaz, drzewo, krzew, jak różnej organizacji podlega i jak sprawcze życie wypuszcza w nim gałęzie i liście albo rozprzestrzenia się w postaci członków, płetw, skrzydeł. [...] Ale jeszcze osobliwiej uderza mnie to, gdy przyglądam się rozmaitym barwom, przez które wszystkie przedmioty są jeszcze bardziej rozdzielone, a przecież z drugiej strony niejako spokrewnione i zaprzyjaźnione ze sobą. [...] Jak cudownie piękny i kolorowy jest zielony las ze swymi drzewami, swymi ukrytymi kwiatami, żywymi stworzeniami i różnobarwnymi ptakami! Blask słoneczny błądzi po nim i lśni, świeci i przegląda się z upodobaniem w każdym listku, każdym źdźble trawy. [...] Ożywczy wiatr przenika korony drzew i porusza wszystkie liście, jakby to były języki, drzewo drży z radości i jak w harfie poruszają się i szeleszczą niewidoczne palce. Radujące się ptaszki nabierają ochoty do śpiewu, tysiące dźwięków i głosów błąka się i miesza ze sobą i nawzajem przekrzykuje; zwierzyna nie kryje swej radości, z chmur skowronki, do tego strumyki, które niczym ciche westchnienia zachwytu toczą się po ziemi — co za duch, co za uczucie porusza niewi-

doczne, ukryte sprężyny, tak że wszystko to tryska z niezmierzoną różnorodnością dźwiękiem i śpiewem?

A jak mam opisać blask zorzy wieczornej czy porannej? Jak zagadkową poświatę księżyca i płomienne odbicia w rzece i potoku? Motyle i kwiaty osnuwa czysty purpurowy blask i pozostaje na nich; miękka zorza wieczorna dotyka winnego grona i wiśni i przegląda się w nich, a pośród zielonego listowia wiszą jaskrawo czerwone owoce. Podczas wznoszenia się i zniżania słońca, w blasku księżyca natura znajduje się w stanie chwilowej, mimowolnej euforii, kiedy jest jeszcze bardziej szczodra i kiedy przejęta radością jak paw rozpościera z szumem swoje ozdoby w całym ich dumnym przepychu[1].

Muzyka XIX wieku, w swej nieposkromionej chęci wielostronnego oddziaływania, pragnie mówić i wyrażać. Pragnie też malować, malować dźwiękiem, malować, aby przedstawiać, znaczyć, symbolizować. Tę jej właściwość nazwano w XVIII wieku „malarstwem dźwiękowym" (po niemiecku: *Tonmalerei*). W czasach romantyzmu ma już ono tradycje stare, sięgające muzyki renesansu z pierwszej połowy XVI wieku, francuskiej *chanson* polifonicznej, której arcymistrzem był Janequin. W jego utworach, dwóch zwłaszcza: *Śpiew ptaków* i *Wojna albo Bitwa pod Marignon* — tkwią źródła tej sztuki, która niebawem rozkwitnie we włoskich i angielskich madrygałach i uprawiana będzie przez całą epokę baroku, aby osiągnąć apogeum w epoce muzycznego romantyzmu.

Pojęcie „malarstwa dźwiękowego" wyrasta z renesansowej i oświeceniowej teorii naśladownictwa; zwłaszcza przedstawiania zjawisk — odgłosów, ruchów, wyglądów — szeroko pojętej natury (wschód słońca, jasność dnia i ciemności

---

[1] L. Tieck, *Dywagacje o sztuce*, w: *Pisma teoretyczne niemieckich romantyków*, tłum. Jacek Buras, Wrocław 2000, s. 73–74.

nocy, burza, szmer lasu, śpiew ptaków, nurt strumienia i rzeki, deszcz, fale morskie, wiatr i wicher, wodospad, głosy i ruchy zwierząt); także przejawów cywilizacji z naturą związanej (dźwięk rogów i trąbek myśliwskich, ludzki chód miarowy, bieg, pęd; odgłosy bitwy; tykanie zegara; brzmienie ludowych instrumentów). Zakres tematów osiemnastowiecznego malarstwa dźwiękowego jest szeroki.

Jest to malarstwo przedmiotowe, obiektywne; przejawy, stany natury (i cywilizacji) tu się dźwiękowo przedstawia — unaocznia słuchowo! — poprzez charakterystyczne figury dźwiękowe, motywy i tematy „unaoczniające".

Z muzyki czasów baroku — a także tej, której styl zwiemy „klasycznym" — wywieść można swoisty słownik idiomów dźwiękowych, przedmiotowych motywów znaczących. Ten słownik znaków języka dźwiękowego kompozytorzy romantyzmu sobie przyswoją, zachowując jego przedmiotowy charakter. Oświeceniową spuściznę wszakże znacznie rozszerzą i przekształcą we własnym duchu, na sposób romantyczny. Czym się więc będzie różnić „malarstwo dźwiękowe" epoki romantyzmu od analogicznego w czasach baroku?

Będzie to malarstwo psychologicznie pogłębione; nie tyle naśladowcze, ilustracyjne (choć i od efektów „mimetycznych" romantycy nie stronią), ile kreatywne; malowanie bardziej z wyobraźni niż bezpośrednio z natury. Tak że powiedzieć można, iż kompozytor romantyczny „maluje" postrzegane przedmioty w zapośredniczeniu przez własne uczucia i myśli, jakie te obiekty w nim budzą. Uprawia „malarstwo dźwiękowe" przeniknięte emocjonalną ekspresją. Rozkwitnie ono w partyturach oper Webera, a jego pięknym zwiastunem jest *VI Symfonia „Pastoralna"* Beethovena, z jego znamienną adnotacją na wstępie partytury: „Budzenie się pogodnych uczuć po przybyciu na wieś".

Niemiecki romantyzm muzyczny — Beethovena, Webera, Schuberta — rozwijał się przede wszystkim w kręgu niemieckiej literatury, ale również i wczesnoromantycznego malarstwa. Frapujące więc będzie pytanie, jak ta sztuka niemieckich artystów z przełomu wieków i początku nowego stulecia oddziaływać mogła na wyobraźnię twórców muzyki, pobudzać w nich skłonność do malowania dźwiękiem, na sposób romantyczny; czy i jak mogła w ogóle kompozytorów inspirować? Mogła, ponieważ ówcześni poeci, pisarze, filozofowie, malarze i muzycy tworzyli pewną wspólnotę sztuki i myśli, znali się między sobą, spotykali, przyjaźnili; obrazy co znaczniejszych artystów były wystawiane, krytycy pisali o nich. Żywe było też wśród romantyków przeświadczenie o wspólnocie sztuk, o ich wzajemnym pokrewieństwie „korespondencji" Cytowany tu już Ludwig Tieck w swoich *Dywagacjach o sztuce* pisał:

> Sztuka człowieka rozróżnia rzeźbę, malarstwo i muzykę, każda z tych dziedzin istnieje dla siebie i idzie swoją drogą. Mnie jednak zawsze się wydawało, że wprawdzie muzyka mogłaby żyć sama dla siebie w zamkniętym świecie, ale malarstwo nie: każdemu pięknemu kolorowemu obrazowi odpowiada z pewnością pokrewny utwór muzyczny, który z malowidłem ma jedną wspólną duszę. Kiedy rozbrzmiewa melodia, to na pewno na obrazie pojawiają się nowe promienie życia, na pewno potężniejsza sztuka przemawia do nas z płótna, a dźwięk, linia i barwa przenikają się wzajemnie i łączą w akcie żarliwej przyjaźni w jedno[2].

Wczesnoromantyczni malarze niemieccy mogli też oddziaływać na kompozytorów duchową aurą swoich obrazów. Byli wszak ludźmi głębokiej wiary — jako protestanci

[2] Tamże, s. 76.

o tradycjach pietystycznych i jako katolicy; tematyka religijna często była w ich obrazach obecna. Najwybitniejszy wśród tych artystów myśliciel, oryginalny malarz-wizjoner Filip Otto Runge, tak pojmował sens sztuki:

> Odczucie związku całego *universum* z nami; radosny zachwyt najgłębszej, najżywszej cząstki naszej duszy; zgodny akord, który w locie potrąca każdą strunę naszego serca; miłość, która nas podtrzymuje i niesie przez życie; słodka istota obok nas, która w nas żyje i której miłością rozpala się nasza dusza; wszystko to kołacze w naszą pierś i przemawia do nas, a my zatrzymujemy szczytowe punkty tych odczuć i tak powstają w nas określone myśli.
>
> Wyrażamy te myśli w słowach, dźwiękach lub obrazach i wzbudzamy w ten sposób w piersi drugiego człowieka to samo odczucie. Prawda odczucia przejmuje wszystkich, wszyscy czują się objęci tym związkiem, wszyscy, którzy odczuwają jedynego Boga, chwalą Go; i tak powstaje religia. Poprzez odczucia związku całości wiążemy te słowa, dźwięki czy obrazy z naszym najgłębszym odczuciem, naszym przeczuciem Boga i pewnością naszej własnej wieczności, to znaczy: kojarzymy te odczucia z najważniejszymi i najżywszymi istotami wokół nas i utrwalając charakterystyczne, to jest zgodne z naszymi odczuciami, cechy tych istot, przedstawiamy symbole naszych myśli o wielkich siłach świata — i to są obrazy Boga albo bogów. Im czystsi i wznioślejsi są ludzie i ich odczucia, tym wyraźniejsze stają się symbole boskich sił i tym głębiej ludzie odczuwają wielką wszechpotężną moc. Człowiek skupia wszystkie nieskończenie różne siły natury w jednej istocie; usiłuje zawrzeć wszystko naraz w jednym obrazie i przedstawić w ten sposób obraz Nieskończonego[3].

---

[3] F. O. Runge, *Do Daniela*, w: *Teoretycy, artyści i krytycy o sztuce (1700–1870)*.Wybór, przedmowa i komentarze: Elżbieta Grabska i Maria Poprzęcka, tłum. Anna Palińska, Warszawa 1974, s. 330–331.

Uświadamiana bliskość romantycznego malarstwa i muzyki romantycznej zachęca do pewnych porównań. Dwie zwłaszcza postaci artystów tu się nasuwają: Niemca Caspara Dawida Friedricha (1774–1840) i Francuza Eugène Delacroix (1798–1863; rówieśnika Schuberta!) — największych bodaj malarzy romantycznej epoki (w stylu zresztą biegunowo różnych).

„Muszę całkowicie oddać się otaczającej mnie przyrodzie. Zespolić z chmurami i skałami, aby udało mi się pozostać tym, kim jestem. Potrzebuję przyrody, by dzięki niej porozumiewać się z Bogiem". To słowa z listu Friedricha. Sednem jego malarstwa jest pejzaż metafizyczny — wizja Natury uduchowionej w perspektywie mistycznej, otwierająca się na nieskończoność, tknięta romantyczną „tęsknotą ku dali", wysublimowana w kolorycie, łącząca w sobie linearyzm subtelnego rysunku z kunsztem niuansów barwy. Pejzaż Friedricha — z wtopionymi weń, symbolicznie i harmonijnie, postaciami ludzkimi, wobec ogromu Natury pomniejszonymi, a często pogrążonymi w kontemplacji dali, w znamiennym odwróceniu się od widza — poczęty jest tyleż z ducha poezji, wiary religijnej, co muzyki. Kojarzyć się może też szczególnie z muzyką dwu wielkich romantyków z początku i końca epoki: Schuberta i Mahlera, z ich równie głębokim, choć różnie się przejawiającym, „zmysłem metafizycznym". Wszak dla nich obu znamienny jest czas narracji wydłużany, rozwijanie i wysnuwanie muzyki w perspektywie nieskończonej dali...

Natomiast głównym i najbardziej frapującym walorem malarstwa Delacroix — z jego bogactwem motywów, tematów, wątków, sytuacji, mnogością postaci — jest wyobraźnia kolorystyczna: nowatorska, odkrywcza (aczkolwiek z barokowych wywodząca się źródeł), zmysłowa, eksperymentująca, doświadczająca barw na rozmaite sposoby: kolorystyka współgrająca z konturem, kształtem, formą, or-

Eugène Delacroix, *Wolność wiodąca lud na barykady*

ganizacją przestrzeni obrazu; romantyczne odczuwanie, myślenie i działanie kolorem, formotwórcza aktywność barwy. Powiedzieć można więc, że Delacroix patronuje — ze strony malarstwa — dziewiętnastowiecznej sztuce kolorystyki orkiestrowej, romantycznemu „szaleństwu barw" instrumentalnych. Porównanie zaś konkretne nasuwa się nieodparcie: z muzyką Hectora Berlioza, arcymistrza nowatorskiej sztuki orkiestracji.

W sztuce malarstwa dźwiękowego — pojętej szeroko i pogłębionej — manifestuje się postawa kompozytorów romantycznych wobec natury; tak jak ją odczuwali i pojmowali, od schyłku XVIII wieku, romantycy — pisarze, myśliciele, malarze — kolejnych pokoleń; natury Novalisa, Wackenrodera, Tiecka, braci Schleglów i braci Grimm, Arnima i Brentany, natury Schellinga, natury Hölderlina, Rückerta, Eichendorffa; natury Rungego, Friedricha, Carusa, Richtera. Przede wszystkim zaś natury, jak ją pojmował i czuł Goethe w czasach swej późnej „burzliwej" młodości. Przypisywany mu tekst (z 1782 roku) sugestywnie ów romantyczny stosunek do natury określa:

> Natura! Otacza nas ona i obejmuje — i nie możemy z niej umknąć i nie zdołamy głębiej w nią wniknąć. Nie prosząc o to i nie ostrzegając porywa nas w krąg swego tańca i pędzi z nami, aż wyczerpani wypadamy z jej ramion.
>
> Wiecznie stwarza nowe postacie; to co jest, jeszcze nigdy nie istniało, to co było — nie wraca, wszystko jest nowe, a przecież zawsze zostaje takie jak dawniej.
>
> Żyjemy wśród niej, a jesteśmy dla niej obcy. Przemawia do nas nieustannie, a nie zdradza nam swej tajemnicy. Stale na nią oddziałujemy, a jednak nie mamy nad nią władzy...
>
> Wyrzuca nowe stworzenia z nicości i nie mówi im skąd pochodzą ani dokąd idą. Mają tylko biegnąć; ona sama zna ich drogę.

> Wszystko jest w niej ciągle obecne. Przeszłości i przyszłości nie zna. Chwila obecna jest dla niej wiecznością. Jest dobrotliwa. Chwalę ją wraz z wszystkimi jej dziełami. Jest mądra i cicha. Nie można jej wydrzeć żadnego wyjaśnienia ani wymóc na niej żadnej tajemnicy, której dobrowolnie nie wyjawia. Jest przebiegła, ale w dobrym zamiarze, i najlepiej jest nie zauważać wcale jej podstępów. Ona mnie tu sprowadziła i ona mnie także wyprowadzi. Powierzam się jej[4].

Kompozytor romantyczny (podobnie jak niegdyś poeta Goethe) staje więc, jako artysta, wobec natury: urzeczony jej pięknem, zniewolony urokiem, zafrapowany bogactwem, zafascynowany tajemnicą; doznający na przemian poczucia piękna i wzniosłości, zachwytu i grozy, nabożnego skupienia, czci religijnej, panteistycznego uniesienia... Kompozytor romantyczny pragnie tym wszystkim odczuciom, jakie budzi w nim Natura, i myślom różnym o niej nadać odpowiedni kształt dźwiękowy. Tutaj odsłania się najgłębszy sens „malarstwa dźwiękowego” romantyków.

Powstaje muzyka będąca głosem, obrazem, ekspresją natury. Muzyka naturą w różny sposób inspirowana. W centrum zaś tej pogłębionej sztuki „malarstwa dźwiękowego” jest coś, co nazwać można „romantycznym pejzażem muzycznym”. W nim — podobnie jak w pejzażu malarskim Friedricha — wyraża się dźwiękowo, najrozmaitszymi sposobami, romantyczna świadomość natury, wobec analogicznej świadomości oświeceniowej wyższa i głębsza.

Człowiek romantyzmu bowiem wyzbył się wobec natury sentymentalno-idyllicznych złudzeń. Uświadamia sobie jej dialektykę i wieloznaczność; wie, że współgra w niej chaos z kosmosem, rozrzutność z oszczędnością, mądrość z bez-

---

[4] J. W. Goethe, *Natura*, cyt. za: R. Guardini, *Koniec czasów nowożytnych*, tłum. Zofia Włodkowa, Kraków 1969, s. 41–42.

myślnością, harmonia z dysharmonią; wie, że bywa ona — wobec nas — dobra i zła, lub zgoła obojętna. A nade wszystko wie, że jest ona taka, jaką nam się „transcendentalnie" przejawia: dana w naszych postrzeżeniach, doświadczeniach, w myślach o niej, pragnieniach, życzeniach, marzeniach; wie, że natura jest również, w znacznej mierze, tworem naszej wyobraźni. Człowiek romantyzmu uświadamia sobie, że w samym rdzeniu bytowym natury — której pojęcie zbliżone jest, niemal tożsame z pojęciem życia — jest coś z gruntu irracjonalnego, że natura jako „rzecz sama w sobie" jest dla „czystego rozumu" niepoznawalna. Można się tylko do uchwycenia jej istoty zbliżać przez intuicję filozoficzną lub przez intuicję artystyczną: w poezji, malarstwie i najbardziej bezpośrednio w muzyce, w utworach kompozytorów szczególnie w naturze rozmiłowanych i zafrapowanych jej tajemnicami, jak Schubert, Berlioz, Mendelssohn, Liszt, Wagner, Strauss, Dworzak, Mahler; także, Schumann, Brahms, Bruckner... Jak też oni wszyscy, kompozytorzy trzech pokoleń (a dodać by tu jeszcze można twórców oper romantycznych), odczuwają i pojmują naturę, i jak swoje odczucia, pojmowania, myśli o naturze wyrażają w mowie swej muzyki i jej malarstwie dźwiękowym?

Wielkie jest bogactwo, nieprzebrana różnorodność sposobów tego wyrażania! Chciałoby się rzec: jak Natura sama! Wszelako z tego całego „mówienia" czy „powiadania" natury w dźwiękach muzycznych wyłania się — w mnogości stylów indywidualnych — jakiś romantyczny (nadromantyczny?) język (nadjęzyk?), zasób (system?) zwrotów, figur, idiomów o wspólnym rdzeniu. Symboliczno-znaczący język Natury, jakim posługują się kompozytorzy romantyczni, ma — aby ująć rzecz generalnie — trzy zasadnicze poziomy, trzy stadia.

Stadium pierwsze: przedmiotowo-nastrojowego przedstawiania — quasi-naocznych wyglądów; zakorzenione w „teoriach naśladownictwa" baroku i oświecenia; zarazem otwierające się na po-romantyczne malarstwo dźwiękowe muzycznego „impresjonizmu" Debussy'ego. W ten sposób „malują" — orkiestrą, fortepianem: Mendelssohn — w obrazach morza, wysp, wybrzeży; Liszt — w fortepianowych *Rocznikach pielgrzymstwa;* i nade wszystko Wagner, w którego *Tetralogii* to stadium sztuki „malowania dźwiękiem" osiągnie apogeum bogactwa środków, mnogości form, wyrazistości przedstawiania; Wagner jako geniusz sztuki dźwiękowego unaoczniania żywiołów: wody, ziemi, ognia, także jako piewca jaśniejszych idyllicznych stron natury; wreszcie Ryszard Strauss — jako mistrz sztuki dźwiękowo-zmysłowej naoczności, w pysznie zmysłowej panoramie górskich krajobrazów *Symfonii Alpejskiej*, skomponowanej już w wieku XX.

Stadium drugie to „malarstwo" psychologicznie pogłębione, w ekspresji intensywne, skondensowane w formie. Wyrasta ono z sedna romantycznego (i rzec można otwartego już na ekspresjonizm) światoodczucia, wyczulonego zwłaszcza na dramatyczność i tragizm ludzkiej egzystencji. Mistrzem nieprześcignionym takiego „malarstwa" pozostanie Schubert w cyklu pieśni *Winterreise*. Tutaj wewnętrzny dramat Wędrowca, z jego osamotnieniem i odtrąceniem, rozgrywa się w zimowej scenerii natury; jej poszczególne zjawiska, fragmenty, przedmioty, jawią się, symbolicznie, przed oczyma wędrującego.

BURZLIWY RANEK (DER STÜRMISCHE MORGEN)
Jak burza potargała
Zszarzałe nieba szaty!
Osłabłe walką chmury
W krąg polatują w strzępach.

Płomienie ognia krwawe
Na wskroś je przenikają:

Tak jak burzliwy ranek,
Jest całe serce moje.

Me serce rozpoznaje
W tym niebie obraz własny —
Nic nie ma, oprócz zimy,
Tej zimy mroźnej, dzikiej.

DRUGIE SŁOŃCA (*DIE NEBENSONNEN*)

Ujrzałem słońca trzy na niebie
I wpatrywałem się w nie długo.
A one trwały nieruchomo,
Jakby nie chciały się oddalić.
Dla mnie słońcami nie jesteście!
Na inne twarze spoglądajcie!
I ja też miałem trzy niedawno,
Z tych dwa najlepsze już zniknęły.
Kiedy odejdzie i to trzecie,
Wtedy w ciemnościach znajdę pokój.

(tłum. Krystyna Jackowska-Pociejowa)

Stadium trzecie „malarstwa dźwiękowego", najwyższe, wchłaniające w siebie dwa stadia uprzednie, nazwać można metafizycznym; otwiera ono także perspektywę mistyki. Osiąga zaś pełnię w muzyce Mahlera. Jego geniusz twórczej syntezy przyswaja sobie romantyczno-malarski, wyrazowo obrazowy język odgłosów i obrazów natury, jakim mówią jego poprzednicy. Rozwija ten język, wzbogaca, pogłębia — zgodnie z własnym odczuciem, świadomością, pojmowaniem natury. Mimo że z racji dyrygenckiego zawodu obracał się w kręgach wielkomiejskich ówczesnego świata, to w głębi duszy człowiekiem „miejskim" nie był. Wszak większość jego dzieł powstawała na wsi, w środowisku przyrody, z dala od cywilizacyjnego zgiełku. Uwielbiał piesze wędrówki, dużo chodził po górach. Naturę, przyrodę odczuwał, rzec można, całym sobą, estetycznie, metafizycznie, panteistycznie, rozmiłowany w jej pięknie, czuły na emanujące z niej nastroje, zafascynowany jej tajemnicą... Bliski w tym był romantykom i Goethemu. „Muzyka moja jest zawsze i wszędzie tylko głosem natury!" pisał w roku 1896, w którym ukończył *III Symfonię*, gdzie jego umiłowanie natury osiąga swoją kulminację. To arcydzieło syntezy sposobów romantycznego „malowania dźwiękiem" stanowi, rzec można, Mahlerowskiego umiłowania natury — w perspektywie metafizycznej — stadium panteistyczne.

Stadium drugie, najwyższe — duchowej sublimacji piękna, metafizycznej tęsknoty i mistycznej harmonii: „podmiotu"-człowieka z „przedmiotem"-naturą — osiągnie Mahler po dziesięciu przeszło latach w *Pieśni o ziemi* (*Das Lied von der Erde*, do tekstów dawnych — metafizycznych! — poetów chińskich).

DER EINSAME IM HERBST (*SAMOTNY JESIENIĄ*)
Jesienne mgły błękitne nad jeziorem
Snują się; szron posrebrzył wszystkie trawy;
Jakby artysta pyłem nefrytowym
Przysypał płatki delikatne kwiecia.
Słodka woń kwiatów uleciała dawno;
Wiatr lodowaty łodygi przygina.
Już wkrótce liście powiędłe lotosu
Tafle jeziora zasnują złociście.
Znużone jest me serce. Mała lampka
Zagasła z trzaskiem. Do snu czas już się ułożyć.
Idę do ciebie, luby mój spoczynku!
Ach, ukój mnie! Tak pragnę pokrzepienia!
Płaczę, wciąż płaczę w mojej samotności.
Jesień w mym sercu trwa już nazbyt długo.
Słońce miłości, czyż nigdy już więcej
Nie zalśnisz, by me gorzkie łzy osuszyć?
(tłum. Krystyna Jackowska-Pociejowa)

V. MUZYKA JAKO ŚPIEW

Dzieje muzyki w kulturze Zachodu ujmować można również w aspekcie współgrania intuicji i intelektu. Intuicyjne byłoby to, co z ducha i istoty pieśniowe: śpiewność, pieśń. Intelektualne zaś to, co konstrukcyjno-koncepcyjne — struktura, budowa, forma — w czym realizuje się myśl kompozytora. Jeżeli miejsce myśli kompozytorskiej w dziedzinie muzyki potrafimy pojęciowo określić, wytłumaczyć, uzasadnić, to pieśń ma w sobie coś z niepochwytności duchowego żywiołu: przenika i ożywia, niepodległa racjonalnym określeniom i umiejscowieniom. Pisał niegdyś Leśmian:

> Poezja żywcem się wymyka wszelkim określeniom. Określenie jest dla niej smutnym rodzajem szklanej trumny, która — przejrzyściejąc — zabija. [...] ilekroć poezja przestaje być dla nas tajemnicą, tylekroć my dla niej przestajemy być poetami[1].

Słowa te odnieść można również do pieśni. Jej wielka rola — duchowego motoru, poruszyciela duszy muzyki, spełnia się także w tym, co w muzyce romantyzmu instrumentalne; również w tym, co w strukturze samej pieśni z instrumentami związane. U trzech zwłaszcza twórców postrzegać możemy w całej rozciągłości tę doniosłą rolę pieśni i „żywiołu" pieśniowego: u Schuberta, Brahmsa i Mahle-

---

[1] B. Leśmian, *Poezje*, Warszawa 1957, s. 5.

ra. Pieśń, działająca w środowisku instrumentów — pieśń, którą w różny sposób karmi się romantyczna muzyka fortepianowa, kameralna, symfoniczna — zdolna jest też ukazać nam to, co metafizyczne i odsłonić — w prześwitach, przebłyskach — to, co mistyczne. Sfera pieśni jawi się jako otwarta i bez granic, przeniknięta ruchem poszukiwania, błądzenia, wędrowania. Bo może właśnie sferze pieśni, wnikającej w różne obszary muzyki romantyzmu, udziela się najmocniej idea romantycznej Wędrówki. Wcieleniem odwiecznego ducha pieśni byłby więc zarówno Wędrowiec z *Pieśni o ziemi* Mahlera, u progu nowego stulecia spragniony spokoju dla swego samotnego i zmęczonego serca; jak też, kilkadziesiąt lat wcześniej, Schubertowski Wędrowiec szukający wymarzonej ojczyzny, a pod koniec życia wyruszający w swoją *Podróż zimową*:

Jam obcy tu przyciągnął,
Odchodzę obcy dziś,
W bukietach kwiatów tonął
Maj, tak przyjazny mi.
Miłości dziewczę pragnie,
Męża dłań matka chce —
Zszarzało wszystko dla mnie,
Zasypał drogę śnieg.

Nie mogłem w podróż ruszać
Gdy czas sposobny był,
Więc muszę drogi szukać,
Mrok gęsty ziemię skrył.
Księżyca cień u boku
Wraz ze mną idzie w dal
I szukam zwierząt tropu
Na jasnym śniegu hal.

(tłum. Krystyna Jackowska-Pociejowa)

Muzyka epoki romantyzmu charakteryzuje się szczególną dialektyką podwójnej, by tak rzec, świadomości. Współgrają tu mianowicie dwa wyobrażenia i pojęcia muzyki, dwie jej koncepcje, dwa modele utworu muzycznego. Muzyka pojmowana jest jako śpiew; a zarazem jako gra na instrumentach. Model utworu wokalny, dany do śpiewania, współgra z modelem instrumentalnym, danym do grania. Koncepcje te równoważą się i dopełniają. Pierwsza, o źródłach archaicznych, pierwotnych, w śpiewie upatruje najstarszy przejaw aktywności muzycznej człowieka. Koncepcja druga, znamienna dla czasów nowożytnych — rozwinięta w epoce baroku — korzenie ma równie głębokie: wszak instrumenty jako narzędzia muzyki spotykamy już w kulturach najstarszych.

Koncepcje dążą do syntezy. „Zniesienie" modelu wokalnego przez model instrumentalny daje w efekcie pełnię utworu muzycznego — w dynamicznej zgodności spotęgowanych cech: śpiewności i gry instrumentalnej.

Przyjrzyjmy się bliżej romantycznej śpiewności muzyki. Dla Chopina była ona stanem nadrzędnym, rozpościerającym się na całą jego twórczość. Śpiewność toku, narracji; śpiewność elementów — melodii, rytmu, tempa, harmonii, kontrapunktu; śpiewność detali i śpiewność całości — formy. Śpiewność romantyczna trzymana w ryzach klasycznej dyscypliny. Śpiewności wymagał Chopin przy graniu swoich utworów. A pojmował ją, jak mniemać można, szeroko i głęboko: jako panmelodyczność wynikającą źródłowo z samej istoty muzyki.

> Wielka szkoła śpiewu około 1830 roku, łącząca harmonijnie sztukę deklamacji i jej dramatyczną ekspresję w muzyce, była dlań idealnym i ostatecznym modelem interpretacji. [...] Mistrz radził swoim uczniom, aby nieustannie słu-

> chali wielkich artystów lirycznych; zwrócił się nawet do jednej z uczennic tymi słowy: „Musi pani śpiewać, jeśli chce pani grać na fortepianie". Śpiew był dla Chopina alfą i omegą muzyki, podstawą całej praktyki instrumentalnej, im bardziej zaś wykonanie pianistyczne inspirowało się metodami wokalnymi, tym bardziej stawało się dlań przekonujące[2].

Śpiewność tedy jako cecha nadrzędna, jako punkt odniesienia także dla tych — wielce frapujących! — miejsc muzyki Chopina, które wręcz śpiewności i melodyczności przeczą, jak Finał *Sonaty b-moll*. Śpiewność z różnych biorąca się źródeł, przybierająca różne odcienie. W szczególności śpiewność trojakiego rodzaju: południowa, włoska, „operowa": wywiedziona z operowego *bel canto* — w nokturnach; śpiewność taneczna — w mazurkach; śpiewność kształtowania drugich tematów, w kontraście do dynamicznej energii tematów czołowych — w sonatach.

Cechą znamienną muzyki w epoce romantyzmu jest panmelodyczność, wynikająca z przeświadczenia o prymacie melodii w utworze muzycznym. Melodia jest dla kompozytorów romantycznych wprost tożsama z życiem muzyki. W inwencji i fantazji melodycznej — bogactwie, różnorodności, oryginalności postaci melodii — upatruje się podstawowego kryterium talentu kompozytorskiego. Spośród wszystkich elementów, jakie wyróżniamy w strukturze utworu muzycznego, jedynie o melodii (wedle przekonania romantyków) powiedzieć można, że jest boskim darem. Harmonizacji, kontrapunktu, instrumentacji można się jakoś wyuczyć; natomiast tworzenia melodii nie. Jest ona wykwitem czystego natchnienia, poczyna się zaś z pra-

---

[2] J.-J. Eigeldinger, *Chopin w oczach swoich uczniów*, tłum. Zbigniew Skowron, Kraków 2000, s. 26.

śpiewności. W nieprzebranym bogactwie melodii romantyzmu nie każda z jej postaci, co oczywiste, jest równie śpiewna; ale wszystkie postaci i kształty melodyczne jakoś się ze śpiewności wywodzą.

Romantyzm muzyczny jawi się nam również jako epoka pieśni, a wiek XIX stuleciem pieśni może być nazwany. Pieśń, przede wszystkim solowa, jako gatunek muzyki przeżywa podówczas apogeum: mnogości postaci, różnorodności ukształtowań, intensywności wyrazu, odcieni ekspresji. Uprawiana przez wszystkich niemal kompozytorów, na różnych poziomach wartości, stanowi glebę kultury muzycznej i zarazem wyznacza jej szczyty — w arcydziełach geniuszów pieśni.

Miejsce pieśni w kulturze romantyzmu skłania nas tu do paru refleksji odnośnie do jej genezy i istoty. Jako najstarsza forma lirycznej muzyczności w kulturze Zachodu, daje się pieśń określić przez trzy zasadnicze pojęcia: rytmu, poezji, uczucia. Rytm aktualizuje potencjalną dźwiękowość słowa, powołując je do muzyki. Tak rodzi się słowo śpiewane — śpiew: jednostkowy, indywidualny, anonimowy, ludowy. Tu dotykamy pragenezy pieśni artystycznej („profesjonalnej"): zakorzenienia w pieśni (poezji) ludowej — to jej istotne źródło. Zasila ono w różny sposób, mocniej lub słabiej, pieśń „profesjonalną" w ciągu wieków jej rozwoju: od liryki średniowiecznej trubadurów, truwerów, minnesingerów, po *Des Knaben Wunderhorn* Mahlera.

Pieśń pojmować można jako owoc szczególnego spotkania słowa poetyckiego z dźwiękiem i strukturą muzyczną. Spotkania w partnerskim dialogu, lecz także w rywalizacji poetyckiej mocy słowa z muzyczną siłą dźwięku o panowanie nad formą. W tej konfrontacji — mającym pieśń na celu — muzyka dialektycznie zwycięża i „znosi" poezję w dążeniu do wyższej syntezy. Pieśń dobra, doskonała nie tłumi wymowy poetyckiego tekstu, nie niszczy jego walorów, ale je muzycznie uwydatnia. Dzięki muzyce poezja zyskuje nowe życie — w pieśni.

W pieśni lirycznej romantyzmu mowa muzyki, w symbiozie z mową poezji, jest na wskroś emocjonalna, jako czysta „mowa uczuć", w ich intensywności, temperaturze, w pełnej skali niuansów. W rozległej i zróżnicowanej przestrzeni tej mowy rysują się różne poziomy, stany, stadia: od prostoty nastrojów sielskich i pogodnych, z akcentem lekko dramatycznym, w formie zwrotkowej, zwrotkowo-wariacyjnej.

W strumyczka jasnej toni
wesoło, chyżo mknął
przed siebie niby strzała
kapryśny, zmienny pstrąg.

Na brzegu stałem w ciszy
i przyglądałem się
kąpieli rybki żwawej,
co w jasnym nurcie mknie.

Wtem rybak stanął z wędką
tam, gdzie strumyka brzeg
i z zimną krwią spoglądał,
czy pstrąg odwróci bieg.

Dopóki wód przezrocze
przenika światła blask,
dopóty — tak myślałem —
na nic się wędka zda.

Lecz czas się złodziejowi zbyt wolno wlókł,
zamącił więc zdradziecko strumyk i nim spostrzegłem się,
już pręt się jego sprężył

rybka na wędce miota się, drga;
z wzburzoną krwią patrzyłem
na oszukaną tak.
(Schubert, *Die Forelle*, tłum. Krystyna Jackowska-Pociejowa)

Poprzez emocjonalizm pogłębiony, intensywny, zróżnicowany, w pieśni balladowej, wariacyjnej, przekomponowanej:

O, jak mi smutno,
O, serce moje!
Nigdy już,
Nigdy się nie uspokoję.

Gdy jego nie ma,
Cokolwiek robię,
Jestem jak w grobie,
Wszystko jak w grobie.

Głowa mi pęka,
O, biedne dziecię!
Jaka to męka
Na tym obcym świecie.

O, jak mi smutno,
O, serce moje!
Nigdy już,
Nigdy się nie uspokoję.

Jego wyglądam wciąż
Po kryjomu,
Do niego, do niego
Wybiegam z domu.

Ta dumna postawa,
Gest od niechcenia.

Ten uśmiech na wargach,
Siła spojrzenia,

I czar jego słów,
I uścisk dłoni,
I ach! pocałunek:
Któż się obroni!

O, jak mi smutno,
O, serce moje!
Nigdy już,
Nigdy się nie uspokoję.

Przecież to jemu
Oddaję się cała,
Ach, gdybym objąć,
Zatrzymać go śmiała.

Ach, objąć go,
Ach, umiłować,
Być całowaną
I całować, całować!

(Schubert, *Gretchen am Spinnrade*,
tłum. Adam Pomorski)

Noc na obcych drogach kładzie
chore serce, członki znużone;
ach, jak cichy płynie żagiel
słodki księżyc, światło twoje.

Promień twój, księżycu błogi,
płoszy wszystkie nocne trwogi;
udręki się rozpraszają,
łzy do oczu napływają.

(Schumann, *Mondnacht*,
tłum. Krystyna Jackowska-Pociejowa)

Coraz cichszy sen mój teraz,
troska welon rozpościera,
spędza z oczu sen.
Często słyszę ja we śnie
jak pod domem wołasz mnie,
i nikt nie otwiera drzwi.
Budzę się i płaczę gorzko.
Przyjdzie mi wnet umrzeć pewnie,
inną ty całować będziesz,
gdym ja zimna już.
Nim powieje wiosną wiatr,
nim zaśpiewa w lesie ptak:
ujrzeć mnie raz jeszcze chcesz?
Przyjdź, ach śpiesz się, śpiesz;
przyjdź, ach śpiesz się, śpiesz!

(Brahms, *Immer leise wird mein* Schlummer,
tłum. Krystyna Jackowska-Pociejowa)

Aż do artystycznych wyżyn i głębi egzystencjalnej metafizyki uczuć, w formie pieśni odkrywczo nowej.

Na widnokręgu, w dali, jak widmo, co mami wzrok,
Jawi się miasto z wieżami, spowite w wieczorny zmrok.
Wilgotny powiew wiatru marszczy nurt sinych wód,
W posępnym rytmie wioseł żeglarz w ruch wprawia mą łódź.
Raz jeszcze wznosi się słońce, rozsiewa w krąg blaski swe,
I tak oświetla mi miejsce, gdziem stracił kochanie me.

(Schubert, *Die Stadt*, tłum. Krystyna Jackowska-Pociejowa)

Ja zaginąłem już dla świata tego,
któremu tak się często narażałem;
długo nie słyszał on o mnie niczego
więc chciał uwierzyć w to, że już umarłem!

Nie zależało mi na tym zupełnie
Czy świat uważa mnie za umarłego

i przeczyć temu byłoby daremnie,
gdyż już umarłem dla świata całego.

Umarłem dla światowej wrzawy,
w ustroniu cichym tym spocząłem.
Samotny żyję w niebie własnym,
w mojej miłości, w pieśni mojej.

(Mahler, *Ich bin der Welt abhanden gekomme*,
tłum. Krystyna Jackowska-Pociejowa)

Jak również refleksyjności religijnej i stanów zgoła mistycznych:

O, śmierci, jak gorzka jesteś
dla człowieka żyjącego spokojnie wśród swoich bogactw;
dla męża, który jest beztroski i ma we wszystkim powodzenie
i posiada jeszcze siłę, by oddać się używaniu.
O, śmierci, jak słodka jesteś
dla człowieka biednego, co nie ma siły,
dla starca zgrzybiałego, nękanego troskami o wszystko,
dla zbuntowanego duchem i tego, co stracił cierpliwość.
Nie bój się wyroku śmierci,
pamiętaj o tych, co przed tobą byli i będą po tobie.
Taki jest wyrok wydany przez Pana na wszelkie ciało
i po co odrzucać to, co się podoba Najwyższemu.

(Brahms, *Vier ernste Gesänge*. Tekst z Księgi Syracha,
wg Biblii Tysiąclecia, z drobnymi modyfikacjami-przybliżeniami
do niemieckiego tekstu pieśni)

O północy
czuwałem
i wpatrywałem się w niebo;
żadna gwiazda spośród gwiazd miriadów
nie uśmiechnęła się do mnie
o północy.

William Turner, *Deszcz, para, szybkość*

O północy
zmagałem się z natłokiem mrocznych myśli.
Żadna myśl jaśniejsza
nie pocieszyła mnie
o północy.

O północy
śledziłem uderzenia mojego serca:
i tylko boleść jedynie
wzmagała jego bicie
o północy.

O północy
toczyłem bój
o, Człowieku! z twoim cierpieniem;
nie mogłem bitwy rozstrzygnąć
mocą moją
o północy.

O północy
moc moją
złożyłem w Twoje dłonie;
Panie śmierci i życia
Panie
Panie
Ty czuwasz
Ty czuwasz
o północy.

(Mahler, *Im Mitternacht*,
tłum. Krystyna Jackowska-Pociejowa)

Pieśni najbardziej jakościami metafizycznymi nasycone, jak Schuberta *Śmierć i dziewczyna, Król olch, Drogowskaz, Sobowtór, Miasto*, czy Mahlera *Pieśni na śmierć dzieci, O północy*, *Pożegnanie* z *Pieśni o ziemi*, mają u swego treściowego podłoża odwieczne sytuacje (toposy) poetyckie: śmierć i lęk przed nią, wygnanie, oddalenie, tęsknotę. Teksty są tutaj tak przez kompozytora dobierane, aby swą treścią wyraźnie odpowiadały tym głębokim intuicjom metafizycznym, które substancjalnie poruszają muzykę: przeczuciu zaświatów, poczuciu nieskończoności i wieczności, przeczuciu rzeczywistości nadprzyrodzonej, poczuciu tajemnicy. Teksty więc — Goethego, Müllera, Heinego, Rückerta i innych poetów — dopowiadają, komentują muzykę, przytwierdzają temu, co ona sama mówi.

Mówiąc tedy, że sednem, istotą i celem najwyższym pieśni romantycznej jest wyśpiewać niewysłowione i wyrazić niewyrażalne, mamy na myśli nie tyle treść i znaczenie śpiewanego słowa, ile to, czego słowo już wypowiedzieć nie jest zdolne, a co może być wyrażone tylko tym, co muzyczne: dźwiękiem, melodią, brzmieniem — w metafizycznym dośpiewaniu słowa.

Sednem pieśni — jako gatunku muzyki — jest śpiew. Jest on w swej istocie czystą ekspresją życia uczuć. Forma śpiewu — pieśń liryczna — urzeczywistnia się poprzez wzmożenie emocji, poruszenie serca jako „siedliska uczuć". Sfera emocjonalna człowieka działa tu „energetycznie", jako siła napędowa, motor ducha. To, co uczuciowe zespala słowo z dźwiękiem, brzmieniem, strukturą muzyczną. Organiczny związek ze sferą uczuć należy do istoty pieśni. Gdy związek ten rozluźnia się, „zapośrednicza", wówczas pieśń tracąc spontaniczność — *conditio sine qua non* swego istnienia — staje się czymś, co pieśń prawdziwą już tylko imituje…

W dziejach muzyki Zachodu pieśń, wśród innych gatunków i form, żywot ma bodaj najdłuższy, obecna we wszystkich epokach, a w Romantyzmie przeżywająca swoje apogeum. Czas bowiem między *Małgorzatą przy kołowrotku* (1814) Schuberta a *Pieśnią o ziemi* Mahlera (1908), to okres najbardziej bujnego życia pieśni. Życia uczuciowego w jego absolutnej pełni.

Z początkiem XX wieku, gdy geniusz Mahlera wznosi pieśń romantyczną, po raz ostatni, na wyżyny arcydzieł, nowe prądy w muzyce — francuski impresjonizm Debussy'ego i ekspresjonizm Szkoły Wiedeńskiej — zwiastują „zmierzch uczuć" dla pieśni lirycznej, godząc tym samym w jej istotę, kwestionując jej sens... Piękne skądinąd pieśni Debussy'ego zdają się już tylko subtelnym refleksem romantycznej świetności. Z drugiej zaś strony ekspresjonistyczny Schönbergowski *Sprechgesang* zredukuje w końcu romantyczny liryzm do abstrakcyjnej formuły...

Jednakże wbrew antyromantycznym tendencjom pieśń i w XX wieku wykazuje zadziwiającą żywotność, a potrzeba jej uprawiania wśród kompozytorów bynajmniej nie zanika! Tyle że będzie ona teraz czerpać siły życiowe z tradycji — profesjonalnej i ludowej — i z własnej wspaniałej przeszłości, głównie romantycznej — jak w *XIV Symfonii* Szostakowicza, *III Symfonii* Góreckiego czy ostatnio w *Symfonii przemijającego czasu* Pendereckiego.

Spośród cech głównych muzyki romantycznej ta zwłaszcza jest dla nas znamienna: śpiewność instrumentalna, śpiew instrumentów, partie instrumentalne tak napisane, aby dawały w słuchaniu wrażenie śpiewu czy też „pieśni bez słów". Nazywając tak cykle swoich miniatur fortepianowych Mendelssohn trafia w sedno zjawiska romantycznej śpiewności instrumentalnej. Owa śpiewność to znak rozpoznawczy „stylu romantycznego" (jeżeli taki istnieje), idiom wspólny wszystkim twórcom muzyki w tej wspaniałej epoce, różne tylko przybierający odcienie indywidualne. Każdy z tych wielkich kompozytorów „śpiewa", co oczywiste, inaczej, na własną nutę. Łączy zaś ich wspólna idea i wola śpiewu płynącego z duszy i serca instrumentów: solowych, kameralnych i zwielokrotnionych w orkiestrze. Łączy ich śpiewność skrzypiec, altówki, wiolonczeli; śpiewność fletu, klarnetu, oboju, fagotu, rożka angielskiego; śpiewność rogów, trąbek, puzonów, tub; śpiewność fortepianu, ówczesnego „króla instrumentów"... Melodyczna śpiewność eksponowana i prowadząca muzykę; śpiewność jako tło, jako dopełnienie i jako przeciwwaga brzmieniowych ostrości, twardości, szorstkości, efektów dramatycznych starcia, zwarcia, zgrzytu, konfliktu, zmagań, walki, w które również muzyka romantyzmu obfituje. Śpiewność instrumentalna Beethovena, Schuberta, Schumanna, Chopina, Berlioza, Liszta, Wagnera, Brahmsa, Brucknera, Czajkowskiego, Mahlera...

Pieśń tedy, jej duch, jej idea, działa aktywnie w medium instrumentów muzyki romantyzmu. W samym zaś byciu, istnieniu i działaniu pieśni dopatrzyć się też można szczególnego pośrednictwa i przewodnictwa: pośrednictwa między poezją a muzyką samą; przewodnictwa w dążeniu do nowej romantycznej formy. Znać to już wyraźnie w twórczości Schuberta. Z perspektywy jego arcydzieł instrumentalnych z ostatnich lat życia: obu *Triów fortepianowych*, *Kwintetu smyczkowego C-dur*, ostatniej *Symfonii C-dur*, *Sonaty b-dur*, jego ogromna twórczość pieśniowa — zwieńczona *Podróżą zimową* i *Sonaty fortepianowej B-dur* pieśniami do tekstów Heinego — zdaje się określona (podświadomym?) dążeniem ku spełnieniu nowej muzycznej formy w medium czysto instrumentalnym.

Podobnie (a zarazem inaczej) u Brahmsa: i jego to, co pieśniowe, duch śpiewności, zdaje się prowadzić krętymi ścieżkami do takich właśnie spełnień formy nowej w muzyce kameralnej. Nie tylko zresztą w utworach ostatnich, ale w całej jego drodze twórczej znać to przewodnictwo i formotwórcze działanie „żywiołu" pieśniowego: w koncertach i symfoniach, w sonatach skrzypcowych i wiolonczelowych, w *Kwintecie fortepianowym f-moll*... Pierwiastek pieśniowy wnika w sedno roboty kompozytorskiej, inspiruje pracę tematyczną, przetworzenia i rozwinięcia...

Największego zaś z wizjonerów muzycznego romantyzmu, Mahlera, dla którego pieśń, jak to określił Richard Specht, jego pierwszy biograf, była kluczem do symfonii), duch pieśni działając stale w przestrzeni orkiestrowej doprowadza w końcu do owych prekursorskich i profetycznych syntez w dziełach ostatnich: w Symfonii pieśni *Das Lied von der Erde* — gdzie „wokalne" z „instrumentalnym", „poetyckie" z „muzycznym" łączy się i przenika wzajemnie w sposób rewelacyjnie nowy — i w *IX Symfonii*. Jej pierwsza część skupia w sobie i przetwarza w styl własny kompozytora najcenniejsze esencje muzyczne romantyzmu, w genialnie odkrywczej symbiozie tego, co pieśniowe i tego, co symfoniczne. W planie dramaturgicznym, rozwijaniu i zakomponowaniu tej części (oznaczonej jako *Andante comodo*) instrumentalna śpiewność (metafizyczna!) jest nicią przewodnią. Melodia prowadzi *Symfonię* przez obszar dramatycznych wydarzeń — starć, walki, gwałtownych kulminacji i nagłych załamań. Z intensywnie emocjonalną śpiewnością melodii kontrapunktuje głuchy i ciężki rytm marsza (najbardziej może „metafizycznego" z licznych marszów Mahlera). Wspiera on jakby melodię w jej spontanicznym ruchu, a zarazem, dialektycznie, zdaje się jej sprzeciwiać. Tak oto w przestrzeni symfonicznej pieśń, symbolizująca muzyczne piękno, życie uczuć, polot ducha, sferę światła, prowadzi ciągły dialog z tym, co bardziej mroczne, ciemne, ciążące ku ziemi, tknięte tragicznym dramatyzmem ludzkiej egzystencji...

VI. W PRZESTRZENI MYŚLI

Muzyka epoki romantyzmu, przy głębszym wniknięciu w jej wyraz i strukturę, w równej mierze zdaje się być nasycona uczuciem, co przeniknięta myślą. Te dwa czynniki — ekspresja uczucia i ekspresja myśli (bo ona też ma swoją ekspresję!) — dynamicznie się tutaj równoważą we wzajemnym współgraniu. Muzyka oddycha uczuciem, niezbędnym dla niej jak powietrze do życia, i porusza się w przestrzeni myśli. („Myśl jest to zdanie sensowne", czytamy w słynnym *Traktacie* Ludwiga Wittgensteina; z czym wypada się zgodzić, gdyż myśl bezsensowna przeczy samej sobie, bezsens godzi w istotę myśli). Muzyka romantyczna, co tak silnie nasze uczucia pobudza, egzystuje również w sferze intelektu określonej przez pojęcia, rozwija się w medium języka słownego, mowy, którą pojęcia są wypowiadane. Doświadczenie kompozytorskie w ogóle, utwór muzyczny mające na celu, tyleż jest spontaniczne, co myślowe, tyleż intuicyjne, co intelektualne. A tylko w poszczególnych okresach i epokach dziejów muzyki, jak też w różnych jej rodzajach i gatunkach, różne są proporcje między „intuicją" a „intelektem".

Myśl — czynnik intelektu, pierwiastek *ratio* — ma pokaźny udział w powstawaniu i kształtowaniu muzyki na przestrzeni jej dziejów. Czy w epoce romantyzmu udział ten jest podobny, jak w epokach uprzednich? Podobny (bo trudno sobie wyobrazić komponowanie muzyki bez myśli!), choć zarazem inny. Myśl działa tu inaczej niż dotąd, bo — po pierwsze — nie działała jeszcze nigdy w polu ekspresji uczuciowej tak intensywnej, wzmożonej, bujnej; po drugie — nie jest już w swym działaniu warunkowana konwencjami stylu powszechnego epoki. W procesie powstawania muzyki romantycznej myśl nie dominuje (to należy już do jej średniowiecznej przeszłości), ale — podobnie jak w epoce baroku — dialektycznie współdziała z „motorem" emocji.

Rozmaite wewnętrzne złożenia, komplikacje struktur, zróżnicowanie sposobów rozwijania formy; w konsekwencji: domniemana obecność koncepcji, domyślność kompozytorskiego systemu — to zasadnicze znamiona wzmożonego udziału myśli w procesie powstawania muzyki romantycznej. W tym sensie polem intensywnego działania myśli kompozytorskiej będą na przykład utwory „późnego stylu" Chopina, w ich harmonicznym wyrafinowaniu, strukturalnej kunsztowności, złożoności narracyjnej — jak *Preludium cis moll* op. 45, *Polonez-Fantazja*, *Ballada f-moll*.

Efektem intensywnej pracy myśli są rozległe obszary muzyki kameralnej Brahmsa — kwartety, kwintety, sekstety, tria — gdzie myśl, podbudowana kontrapunktyczną logiką, organizuje inwencję największego (po Beethovenie) geniusza pracy wariacyjno-przetworzeniowej w materii muzyki.

A z drugiej strony — złożone, wielkich rozmiarów konstrukcje dźwiękowe dramatów Wagnera, z krążeniem, odmianami, konfiguracjami motywów przewodnich, są nie do wyobrażenia bez udziału iście gigantycznej pracy myśli!

Podobnie — myśl natchniona i odkrywcza penetruje i organizuje rozległe przestrzenie symfonii Mahlera: ich dramaturgię, narrację, orkiestrową polifonię, kontrapunkty barw dźwiękowych.

Wyłania się oto pasjonujący problem: relacji muzyki samej do tego, co myślowe, intelektualne, racjonalne, koncepcyjne, spekulatywne; tego, co tłumaczyć nam może jej, muzyki, sens; albowiem (według Wittgensteina) „myśl to zdanie sensowne". W romantyzmie odsłaniają się nowe aspekty problemu, ujawniają nowe spotkania muzyki z myślą — w innej, inaczej zabarwionej, innymi treściami nasyconej aurze intelektualnej. Bo też każda, dająca się wyróżnić w historii muzyki epoka ma jakąś swoją duchową przestrzeń myśli, aurę intelektualną, której główny ton nadają: filozofia i literatura — pisarstwo myślą przeniknięte. Mają więc swoje aury: średniowiecze — wczesne, środkowe, późne; renesans, barok, romantyzm. W takiej aurze — w przestrzeni aktywnego intelektu i twórczej myśli — rozwija się malarstwo, architektura, literatura, muzyka. Jest więc oczywiste, że owa aura myślowa — z bytującymi w niej ideami, tendencjami, koncepcjami — musi jakoś na sztuki oddziaływać; pobudzać je do rozwoju, dokształtowywać, przydawać walorów treści, formy, ekspresji. Malarstwo, poezja, dramat otwierają się na działanie myśli. Muzyka zaś w ciągu swych dziejów w kulturze europejskiej jest na pracę myśli szczególnie podatna. Rzec można: przejmuje ona w siebie „zdania sensowne" i przetwarza je we własne dźwiękowe struktury spójne i logiczne. Tych wpływów myśli na muzykę możemy domniemywać, dociekać ich, chwytać je, próbować bliżej określać. Wyraźne są one i dobrze uchwytne w tych okresach historii, kiedy myśl, intelekt, pierwiastek *ratio* w twórczości muzycznej dominują. W „scholastycznym" i „gotyckim" średniowieczu kompozytor polifonicznych motetów, ballad, mszy — zarazem biegły w naukach, teologii i filozofii — żył i tworzył w intelektualnej atmosferze uniwersytetów, klasztorów, katedr, w aurze gęstej od dysput, dialogów, dociekań, pisanych i przepisywanych w scriptoriach traktatów, sentencji, kwestii dyskusyjnych, sum. Logiczna struktura dźwiękowa kompozycji muzycznych była swoistym odpowiednikiem (analogonem) kompozycji myślowych, teologiczno-filozoficznych. W spekulatywnym wyrafinowaniu i kunsztowności kontrapunktycznej utworów okresu *ars nova* XIV wieku widzieć można odbicie wzorów logicznego myślenia z ówczesnego systemu nauk, którym filozofia daje przestrzeń i określa pole, a teologia skupia je i sobie poddaje. Również struktura i ekspresja substancjalna sztuki polifonii flamandzkiej XV wieku tłumaczyć się daje poprzez ówczesne systemy nauk i przekazywania wiedzy, zogniskowane wokół filozofii z teologią zespolonej.

Przechodząc, poprzez renesans, do czasów nowożytnych i tak ważnej dla rozwoju muzyki epoki baroku, w tropieniu związków „muzyki" z „myślą" zdani już będziemy bardziej na domysły, przypuszczenia, hipotezy. Jest wszakże pewne, że siedemnastowieczny „wyż" filozofii, zasadniczy przełom w niej, odrodzenie metafizyki — musiały jakoś rezonować i w twórczości kompozytorskiej: pobudzać muzykę do intensywnego rozwoju, stymulować przełom w muzycznej świadomości, inspirować nową koncepcję formy, inicjować nowy model utworu muzycznego, owocować mnogością różnych form i gatunków muzycznych; w konsekwencji — otwierać drogę do tego totalnego apogeum, jakie osiągnie muzyka w twórczości Bacha.

Spróbujmy teraz nieco bliżej określić relacje między myślą — czyli tym co pojęciowo-intelektualne — a powstającą w XIX wieku muzyką największych mistrzów. Relacje te i domniemane związki są złożone i wieloznaczne. Już samo pojęcie myśl jawi się nam tutaj w pięciu co najmniej znaczeniach, a mianowicie jako:

— myśl kompozytorska — myśl kompozytora — muzyce immanentna: formotwórcza, substancjalna, strukturalna, konstrukcyjna, kompozycyjna;

— myśl teoretyczna — analityczna, opisowa;
— myśl estetyczna — wartościująca;
— myśl filozoficzna — interpretująca;
— myśl literacka — metaforyczna i metaforyzująca.

Ponadto — mówimy o „myśli muzycznej" czy „myślach muzycznych" bezsłownych w samej strukturze utworu, analogicznie do myśli pojęciowej w „zdaniu sensownym": zalążek myśli jako muzyczny motyw, myśl rozwinięta jako temat, okres (w budowie okresowej) jako „zdanie sensowne", rozwijanie myśli, odmiany myśli, dialog jako wymiana myśli...

Romantyczna muzyka XIX wieku — od Beethovena, Webera i Schuberta po Mahlera — powstaje i rozwija się również w przestrzeni myśli — bogatej, gęstej, wielopoziomowej, zróżnicowanej. W przestrzeni tej wyróżnimy trzy główne strefy, w których muzyka z myślą wchodzić może w ściślejsze związki.

Pierwsza strefa, najszersza i najpojemniejsza, określona jest przez myśl literacką. Wszak XIX stulecie może być również nazwane „wiekiem literatury" — wiekiem rozkwitu i uprawy rozmaitych jej form, rodzajów, gatunków, odmian, na różnych poziomach wartości i stopniach społecznych funkcji. W dziejach kultury literackiej Zachodu jest to pierwsze apogeum twórczości pisarskiej i czytelnictwa książek.

Kolejne pokolenia pisarzy — poetów, prozaików, dramaturgów, eseistów, teoretyków, niemieckich, francuskich, angielskich, rosyjskich, polskich — współtworzą tę rozległą sferę myśli przybierającej literackie kształty, odcienie, formy, gatunki, rodzaje. Ta przebogata sfera myśli obejmuje i skupia w sobie również myśl filozoficzną i wątki poszczególnych nauk. Pisarze bowiem, zwłaszcza niemieccy z pierwszego pokolenia romantyków — Novalis,

Tieck, Wackenroder, bracia Schleglowie, Jean Paul — pasjonują się filozofią i fascynują osiągnięciami ówczesnych nauk przyrodniczych.

Tu dotykamy zagadnienia frapującego i dla nas, którzy dociekać próbujemy sedna muzyki romantycznej w jej myślowym, pojęciowo-intelektualnym rdzeniu: ewentualnych lektur kompozytorów, wpływu (domniemanego, prawdopodobnego) czytanych książek na komponowaną przez nich muzykę, kształtowania muzyki przez artystyczną w formie myśl słowną, pojęciową. To bowiem, że dany kompozytor był także gorliwym czytelnikiem, jest nie tylko faktem życiowym, lecz tyczy również jego muzyki, procesu twórczego, warsztatu. W historii muzyki Zachodu problem ten pojawia się dopiero w epoce muzycznego romantyzmu, kiedy związki między muzyką a literaturą zacieśniają się na nowych zasadach, różnicują i komplikują jak nigdy przedtem, obie dziedziny zaś wzajemnie się przeplatają, splatają, przenikają, muzyka staje się bardziej literacka, a literatura bardziej muzyczna. Wówczas to kompozytor postrzegany być może również jako czytelnik, a pytanie o to, co czyta i jak czyta, staje się ważne. Choć nie równie ważne dla wszystkich wielkich kompozytorów tej epoki. Nie wszyscy oni w swojej muzyce są równie podatni na literackie inspiracje płynące bezpośrednio z lektur. Najbardziej może Beethoven, Berlioz, Schumann, Mendelssohn, Liszt, Wagner, Brahms, Czajkowski, Mahler... Berlioz zafascynowany Szekspirem, chłonący i przeżywający jego dramaty (wszak *Symfonia dramatyczna „Romeo i Julia”* należy do głównych jego dzieł!); Schumann pasjonujący się fantastyczną, fantazyjno-ironiczno-groteskową prozą Hoffmanna (*Kreisleriana*); Liszt jako wielbiciel Dantego i Petrarki; także *Fausta* Goethego (Symfonie: *Dante* i *Faust*, fortepianowe *Sonety Petrarki*). Wszechstronnie oczytany Wagner, przetwarzający wątki starych eposów — Tristana i Izoldy, Parsifala, sagi o Nibelungach, w kompozycje własnych dramatów. Brahms — wprawdzie nieskory do informowania nas (w pozostawionych listach na przykład) szczegółowo o swoich lekturach, ale przecież możemy domniemywać ich wpływu na kształtowanie jego muzyki: w bogactwie pomysłów, gęstości myśli, złożeniach wewnętrznych, zróżnicowaniu formy... Czajkowski — oczytany w Byronie, Szekspirze, a nade wszystko wielbiący Puszkina. Mahler jako miłośnik i znawca literatury niemieckiej, rozczytujący się także w Dostojewskim, znający nawet... *Dziady* Mickiewicza (w niemieckim przekładzie)...

Jakie odnosili oni korzyści z lektur dla swojej twórczości kompozytorskiej? Jakie cechy myśli literackiej mogły tu działać formotwórczo, inspirować nowe pomysły? Co tutaj mogło pobudzać ekspresję? Czy sięgająca tragicznego rdzenia ludzkiej egzystencji myśl dramatyczna Szekspira (który patronuje zresztą całej romantycznej epoce i kompozytorom XIX wieku) nie była tu jakimś „motorem" dramaturgicznej porywczości, zmienności nastrojów, gwałtowności, skrajnych kontrastów muzyki? Czyż Dante — w *Symfonii Dantejskiej* Liszta — nie stymuluje nastrojów podniosłych, o religijnym zabarwieniu? Czy Dostojewski ze znamienną (odkrytą dla nas przez Bachtina) „polifonicznością" myślowo-sytuacyjną swojej prozy, nie oddziałał pobudzająco na symfoniczną kontrapunktyczność muzyki Mahlera?

I pytanie szczególnie frapujące: jak na muzykę wymienionych kompozytorów — rozmiłowanych w książkach — oddziaływać mogła romantyczna ironia, cecha nadrzędna wszystkich niemal pisarzy romantycznych, aż po Dostojewskiego i... Tomasza Manna — właściwość, w której przejawia się ich wysoka samoświadomość.

O ironii tak pisał, z początkiem XIX wieku, jej pierwszy bodaj teoretyk, znakomity pisarz i myśliciel wczesnoromantyczny, Friedrich Schlegel:

> Ironia jest rodzajem paradoksu. Paradoksem jest wszystko, co dobre i wielkie zarazem. [...] Aby ułatwić orientację w całym systemie ironii, przywołamy tu kilka najznakomitszych jej gatunków. Pierwszą i ze wszystkich najwykwintniejszą jest ironia gruba; najczęściej leży ona w prawdziwej naturze rzeczy i jest jednym z ich najpowszechniejszych tworzyw; zadomowiła się na dobre w historii ludzkości. Kolej na ironię cienką, czyli subtelną; następnie ultrasubtelną [...]. Odmianę tę napotykamy chyba i u poetów, podobnie jak i ironię rzetelną, w najczystszej i najbardziej pierwotnej postaci umiejscowioną w dawnych ogrodach, gdzie przepiękne i urocze groty wabią tkliwego miłośnika natury do chłodnego wnętrza, aby z wszystkich stron spryskać go obficie wodą, wybijając mu z głowy czułostki. Dalej ironia dramatyczna, gdy poeta po napisaniu trzech aktów niespodziewanie staje się innym człowiekiem, a musi jeszcze dopisać dwa akty końcowe. Ironia podwójna, gdy nie zakłócając się wzajem biegną równolegle dwie ironie [...]. Nareszcie też ironia w ironii[1].

Refleksów romantycznej („hoffmannowskiej") ironii dopatrzyć się (dosłuchać) można, na przykład, w trzeciej części pierwszej *Symfonii* Mahlera, określonej przez kompozytora jako „marsz żałobny w manierze Callota, inspirowany znanym obrazkiem satyrycznym *Pogrzeb myśliwego*, ze starego zbioru bajek dziecięcych".

---

[1] F. Schlegel, *O niezrozumiałości*, w: *Pisma teoretyczne niemieckich romantyków*, wybrał i opracował Tadeusz Namowicz, tłum. Jakub Ekier, Wrocław 2000, s. 200.

W drugiej z wyróżnionych stref spotkań muzyki z myślą dominuje myśl filozoficzna, mówiąca językiem filozofów — Kanta, Fichtego, Hegla, Schellinga, Schopenhauera — w ich książkach, rozprawach, studiach; niestroniąca wszakże od stylów bardziej literackich (u Kierkegaarda, później Nietzschego). Bo przecież ów wiek XIX może być nazwany równie dobrze „wiekiem filozofii" i wielkich filozofów. W niemieckim idealizmie transcendentalnym filozofia europejska osiąga swoje nowożytne apogeum, a w twórczości Hegla widzieć można szczyt aktywności i dynamiki pojęciowej myśli filozoficznej w ogóle!

Czy wielcy kompozytorzy romantyzmu czytają wielkich filozofów? Co do tego wiadomości są raczej skąpe. Wiemy, że Beethoven czytywał Kanta; że wśród lektur filozoficznych Wagnera były pisma Hegla i przede wszystkim Schopenhauera, który swym metafizycznym pesymizmem oddziałał nań głęboko. W jednym ze swoich listów młody Mahler napomyka o Nietzschem, który wywarł nań „epokowy wpływ" (głównie swoim *Zaratustrą*, jak można mniemać):

> O człowieku! — zważ, co mówi głęboka Północ:
> „Ja spałam, spałam,
> z głębokiego snu mnie zbudzono!
> Świat jest głęboki,
> głębszy niż pomyślał dzień!
> Głębszy jest jego ból.
> Rozkosz — głębsza jeszcze od cierpienia serca.
> Ból mówi: przemiń!
> Lecz wszelka rozkosz pragnie wieczności,
> pragnie głębokiej, głębokiej wieczności!"

(Mahler, część czwarta *III Symfonii*: solo altu do tekstu z *Zaratustry* Nietzschego, tłum. Krystyna Jackowska-Pociejowa)

Otwiera się tu zarazem pole domysłów, przypuszczeń, hipotez, do czego skłania nas charakter samej muzyki wielkich romantyków, w jej miejscach szczególnie nasyconych „jakościami metafizycznymi". Wyłonić się one mogą z utworów Schuberta, Chopina, Wagnera, Brahmsa, Mahlera. A to znaczy, że muzyka sugestią swojej bezsłownej mowy skłaniać nas może do refleksji — filozoficznych, metafizycznych — nad celem finalnym naszej egzystencji i sensem istnienia... O takiej muzyce możemy chyba powiedzieć, że poczęła się z intuicji filozoficznych, zrodziła z metafizycznych odczuć, przeczuć, inspiracji; z przedsłownych głębokich intuicji znajdujących konkretyzację w pojęciach? I że wpływ jakiś na jej powstanie — świadomy, półświadomy, podświadomy — mieć mogła właśnie owa sfera myśli współtworzona przez największych filozofów?

Ale chodzi nie tylko o „jakości metafizyczne" (muzycznie odczuwane) w owych relacjach między muzyką a myślą filozoficzną. Także o to, że myśl filozofów mogła — bezpośrednio lub pośrednio — oddziaływać na kompozytorów przez swoją specyficzną ścisłość, konsekwencję, logikę wynikania. Tu powołamy się na dwa zwłaszcza przykłady takiego (domniemanego) oddziaływania, dającego w efekcie muzykę, której intensywna „substancjalna" ekspresja współgra z myślą logicznie ścisłą i zarazem nową, nowatorską — w „dialektycznym" rozwijaniu formy. To muzyka późnych utworów — *Kwartetów, Sonat* — Beethovena, który otwiera wielki romantyzm. Jak również, kilkadziesiąt lat później, muzyka kameralna Brahmsa.

Trzecią z wyróżnionych tu stref relacji określa myśl muzykologiczna. Wiek XIX bowiem — w którym tak osobliwie skumulowały się i skłębiły świato-odczucia, światopoglądy, fascynacje: literaturą i muzyką, filozofią i naukami

William Turner, *Światło i kolor (Teoria Goethego)*
— *Poranek po potopie*

— przyrodniczymi i humanistycznymi — wiek, w którym filozoficznie zorientowany „romantyzm" zderzył się ze scjentystycznym „pozytywizmem" — to również wiek narodzin, rozwoju i ukonstytuowania się nowożytnie i nowocześnie pojętej muzykologii, czyli wszechstronnej i wieloaspektowej wiedzy o muzyce. Kompletny system (akademicki) nauk muzyki dotyczących (którego spadkobiercami i my jesteśmy) formował się, podbudowany muzyczną praktyką, stopniowo przez całe niemal stulecie, aby na przełomie wieków osiągnąć pełnię. Od swego zarania system ten był zorientowany historycznie, przeniknięty dziewiętnastowiecznym (romantycznym) historyzmem i historycyzmem. Konsekwencją zaś rozwoju i krzepnięcia systemu nauk o muzyce, głównych i pomocniczych — historii, teorii, estetyki, etnografii/etnologii — była obfitość piśmiennictwa w języku niemieckim muzyki tyczącego: mnogość książek na różnych poziomach wiedzy i popularyzacji: prac naukowych, podręczników, kompendiów, almanachów, przewodników, monografii i biografii poszczególnych kompozytorów, z koronującym wszystko *Leksykonem* Riemanna (1882) — do dziś w kolejnych edycjach publikowanym, modyfikowanym, rozszerzanym. O społecznym zapotrzebowaniu na książki muzykologiczne i muzykograficzne świadczą ich wysokie nakłady i kolejne wznowienia.

Czy całe to przeobfite piśmiennictwo muzyki tyczące — głównie w języku niemieckim — miało również wpływ na powstającą muzykę? Bo chyba wśród kompozytorów romantycznych, obytych z książkami, rozmiłowanych w lekturach jak nigdy dotąd, książki tyczące uprawianej przez nich dziedziny również, jeśli nie przede wszystkim, budzić winny były zainteresowanie? Rzecz w tym, iż bardziej intensywny rozwój muzykologii i muzykografii przypada dopiero na drugą połowę XIX wieku. Książki więc, historyczne i teoretyczne, niemieckich inicjatorów i fundatorów muzykologii — Ambrosa, Spitty, Bellermanna — mogli czytać dopiero wielcy romantycy drugiego i trzeciego pokolenia: Liszt, Wagner, Brahms, Bruckner, Czajkowski, Dworzak, Mahler. Oni sami wszak muzykologami nie byli i teorią muzyki „fachowo" się nie zajmowali; aż do czasów Szkoły Wiedeńskiej XX wieku te dwie profesje — komponowanie muzyki i jej naukowe badanie — były wyraźnie rozdzielone.

Ze zrozumiałych względów wielkim kompozytorom doby nowożytnej — od Monteverdiego po Mahlera — całkowicie wystarczała praca kompozytorska, dająca w efekcie dzieła, które w całym ich bogactwie, odkrywczości, nowatorstwie zawierały również *implicite* teorię, myśl muzykologiczną, często przewyższającą badania, dociekania i odkrycia muzykologów. Z wymienionych tu wielkich romantyków Liszt i Wagner uprawiali natomiast nasyconą myślą muzykografię.

Jeśli zaś kompozytorzy późnoromantyczni czytali prace muzykologów, historyków, teoretyków i systematyków muzyki, to można przypuszczać, że wyostrzały one ich kompozytorską samoświadomość, poszerzały w sprawach muzyki rozeznanie, pogłębiały wiedzę, pobudzały własne, by tak rzec, myślenie teoretyczne wewnątrzwarsztatowe. W konsekwencji muzyka nasycana formotwórczą myślą stawała się bardziej strukturalnie złożona, zróżnicowana w budowie. Prace historyków zaś, ich ujęcia i periodyzacje dziejów muzyki, odkrycia i systematyczne publikacje dzieł dawnych mistrzów — otwierały i dla kompozytorów perspektywę historyczną, światłem odkrywczej myśli ożywiały, przybliżały, aktualizowały przeszłość muzyki — bliższą i dalszą. Aktualnie tu i teraz komponowana muzyka — Liszta, Wagnera, Brucknera, Brahmsa, Mahlera — wchłaniała w siebie i przetwarzała w styl własny myśl muzyczną ubiegłych wieków.

VII. ROMANTYCZNA WYOBRAŹNIA

> Ach, że właśnie bogata wyobraźnia musiała być tym, co go zniszczyło! Czy mam może powiedzieć, że stworzony był raczej do tego, żeby delektować się sztuką, niż żeby ją praktykować? Czy ci, w których sztuka pracuje cicho i potajemnie niczym zamaskowany geniusz i którym nie przeszkadza w ich ziemskim działaniu, są może ukształtowani szczęśliwiej? A może ten, kto żyje w wiecznym natchnieniu, musi odważnie włączyć swoje szczytne fantazje jako stałą domieszkę w to przyziemne życie, jeśli pragnie zostać prawdziwym artystą? I czy w ogóle ta niepojęta siła twórcza nie jest czymś innym i — jak mi się teraz wydaje — jeszcze cudowniejszym, jeszcze bardziej boskim niż siła wyobraźni?

— tak pisał u schyłku wieku XVIII, w swoim *Osobliwym żywocie muzycznym kompozytora Józefa Berglingera*, jeden z protagonistów literackiego romantyzmu, Wilhelm Heinrich Wackenroder[1].

Wyobraźnia jest hasłem przewodnim tych szkiców. Spróbujmy więc ją bliżej określić. Jak ją tu pojmujemy? Dlaczego jej pojęcie jest dla nas tak ważne, wręcz kluczowe?

W epoce romantyzmu wyobraźnia artystyczna — jak również intelektualna — osiąga apogeum swoich mocy twórczych: w literaturze, muzyce, malarstwie, filozofii. Ob-

---

[1] W. H. Wackenroder, *Osobliwy żywot muzyczny kompozytora Józefa Berglingera*, w: *Pisma teoretyczne niemieckich romantyków*, dz. cyt., s. 52.

fitowały w nią i epoki poprzednie, ale w XIX wieku mamy pierwsze w dziejach kultury europejskiej apogeum wyobraźni samoświadomej, samoświadomości wyobraźni, wyobraźni organizowanej („reżyserowanej"), współgrającej — paradoksalnie! — z artystyczną logiką; apogeum żywiołu wyobraźni sprzęgniętego z literacką i filozoficzną myślą. *Faust*, arcydramat Goethego — którego druga część ukazuje się w roku 1833, już po śmierci poety — stanowi najważniejszy kamień milowy na drodze rozwoju nowożytnej wyobraźni literackiej świata zachodniego, łącząc w artystycznej syntezie najważniejsze jej odmiany i typy.

Siła artystycznej wyobraźni, intensywna jak nigdy dotąd, jej bujność, żywiołowość, jednoczy się — romantycznie! — z wolą formowania. U jej największych mistrzów — Berlioza, Liszta, Wagnera, Straussa, Mahlera — wyobraźnia współgra owocnie z kompozycją.

Cóż to jednak jest „wyobraźnia"? Co stanowi jej istotę i sedno? W związku z romantyzmem muzycznym winniśmy może i to pojęcie — tak zda się oczywiste i tak zbanalizowane — na nowo przemyśleć?

Mimo łudzących bliskoznaczności i faktycznych podobieństw „wyobraźnię" (w języku polskim) trzeba odróżnić od „inwencji" i „fantazji". Wspólny tym pojęciom, sygnującym trzy stany twórcze, trzy stadia twórczości, jest motor formotwórczej energii, „inwencja" jest z nim niemal tożsama, „siła twórcza" to jej synonim; inwencja jest pierwszym warunkiem twórczości żywej, *conditio sine qua non* życia we wszelkiej twórczości, dzieło mającej na celu; brak inwencji oznacza brak istotnego życia w utworze, który żyje jedynie pozorem życia...

„Fantazja" natomiast oznacza czysty kreacjonizm. „Wyłoniłem z mroku ogród oderwany od przyczyny" — mówi

Pan Błyszczyński w cudownym poemacie Leśmiana, trafiając tym w sedno pojęcia fantazji. W jej rdzeniu bowiem jest myśl uzurpatorska i chęć zuchwała a „bezbożna": „stwarzania z niczego" — *creatio ex nihilo*, jak Bóg z Księgi Rodzaju...

Natomiast „wyobraźnia" zdaje się być gdzieś pośrodku: między formotwórczą inwencją a czystą fantazją; język niemiecki akcentuje tu bardziej moment siły: *Einbildungskraft* — „siła wyobraźni"... Pisał Novalis u schyłku XVIII wieku:

> Marzymy o podróżach przez wszechświat, czyż wszechświat nie jest w nas samych? Nie znamy głębin naszego ducha. Do wewnątrz prowadzi tajemnicza droga. Wieczność z jej światami, przeszłość i przyszłość są w nas albo nie ma ich nigdzie. Świat zewnętrzny jest światem cieni i rzuca cień w królestwo światła. Wprawdzie teraz wydaje się nam ono w naszym wnętrzu ciemne, opuszczone i bezkształtne, jakże jednak inne się nam wyda, kiedy przeminą mroki i zniknie ciało rzucające cień. Będziemy cieszyć się nim bardziej niż kiedykolwiek, duch nasz bowiem naprawdę czuł jego brak[2].

A we współczesnej, wydanej niedawno u nas *Encyklopedii filozofii* czytamy:

> Wyobraźnia to władza umysłu, która pozwala zajmować się rzeczami pod ich nieobecność dla zmysłów, i to zajmować się jako właśnie nieobecnymi. Tak jak wyobrażenie przeciwstawia się przedmiotowi rzeczywistemu, tak wyobraźnia przeciwstawia się spostrzeżeniu i wiedzy. Niektórzy filozofowie przyznawali jej jednak główną rolę w wyjaśnianiu zdolności umysłu do przedstawiania rzeczywistości.

---

[2] Novalis, *Uczniowie z Sais*, w: *Proza filozoficzna. Studia — fragmenty*, tłum. Jerzy Prokopiuk, Warszawa 1987, s. 93.

> [...] Wyobraźnię często uważano za zdolność umysłową o wielkim znaczeniu dla twórczości artystycznej i odbioru sztuki. Klarownym przykładem są fikcyjne przedstawienia: oto zamiast sądzić, że widzimy rzeczywiste osoby, czy czytamy o nich, wyobrażamy je sobie. [...] Można zasadnie dowodzić, że doświadczenie estetyczne ma wiele wspólnego z wyobraźnią. Kiedy utwór muzyczny jest dla nas wyrazem pewnego nastroju czy uczucia, nie odbieramy jedynie dźwięków o pewnej wysokości i długości: wydaje się, że umysł to, co bezpośrednio doznawane, ubiera w formę znaczącą. [...] Niebagatelną rolę odegrała tu koncepcja Kanta, zgodnie z którą doświadczenie estetyczne opiera się na wolnej grze wyobraźni i intelektu[3].

Muzyka, przekraczając swoje przyrodzone granice, transcendując własną słuchową naturę, daje nam silne sugestie wyglądów naocznych. Czujemy w niej s i ł ę w y o b r a ź n i.

Wyobraźnia — twórcza, kreatywna — jest *spiritus movens* wszelkiej sztuki. Nazwać ją można też zdolnością tworzenia obrazów z wywoływanych z artystycznej materii słów, kształtów, barw, dźwięków. Wyobraźnia ma subiektywną naturę i emocjonalną dynamikę. Energia kreatywna wyobraźni wynika z rdzenia subiektywizmu, z jądra twórczego Ja, a w swym działaniu i parciu do formy, ten subiektywizm transcenduje. Siła wyobraźni, poprzez realizację artystycznej formy, wiedzie do czegoś ponad czystą formą i estetycznością wąsko pojętą: do treściowo-ekspresyjnej „nadwyżki", którą zwiemy obrazem — poetyckim, malarskim, muzycznym. Istotny jest tu horyzont wyobraźni: jest ona szczególną zdolnością jakby wyprzedzania procesu twórczego — pisania, malowania, komponowania — i obej-

---

[3] *Encyklopedia filozofii*, wyd. ang. 1995, wyd. polskie, Poznań 1999.

mowania wizją-intuicją całości nadformalnych. Wyobraźnia udziela się rozmaitym dziedzinom uprawy ludzkiego ducha, wnika w różne sfery twórczości, ożywia je, dynamizuje. Rozróżniamy więc wyobraźnię symboliczną, poetycką, realistyczną, nadrealistyczną, klasyczną, romantyczną; wyobraźnię „formy" i wyobraźnię „treści"; wyobraźnię religijną, filozoficzną, naukową, matematyczną...

Czym jest wyobraźnia w muzyce, wyobraźnia muzyczna? Choć jest ona może tak stara jak muzyka sama, to w pełni uświadomiono ją sobie dopiero w XIX wieku; gdy rozszerzyły się horyzonty estetyczne muzyki, a świadomość kompozytorską przeniknęła również idea „korespondencji sztuk". Uświadamiano sobie wówczas, że i z dźwiękowej materii muzyki można — poprzez formę — kreować ruchome jakby obrazy, „substytuty" wyglądów naocznych, odpowiedniki widzialnych kształtów, barw, ruchów świata ożywionego, rzeczywistości dynamicznej... W ten sposób powstawała romantyczna koncepcja muzyki programowej, której protagonistą był Berlioz, a realizatorem Liszt w swoich poematach symfonicznych i symfoniach.

Romantyczny wiek XIX może być także nazwany złotym wiekiem rozkwitu wyobraźni. Staje się ona ważkim problemem również dla filozofów. Już Kant pisał w *Krytyce czystego rozumu* (drugie wydanie, 1787):

> Wyobraźnia jest zdolnością naocznego przedstawiania sobie przedmiotu także bez jego obecności. Ponieważ zaś wszelka nasza naoczność jest zmysłowa, więc wyobraźnia należy do zmysłowości z uwagi na warunek subiektywny, pod którym jedynie może dostarczyć pojęciom intelektu odpowiadającej im naoczności. [...] Jako synteza postaciowa jest ona odmienna od syntezy intelektualnej (dokonującej się bez wszelkiej wyobraźni, a tylko przez intelekt). O ile zaś wyobraźnia jest samorzutnością, nazywam ją tak-

że czasem wyobraźnią wytwórczą i odróżniam ją przez to od odtwórczej, której synteza podlega jedynie prawom empirycznym, mianowicie prawom kojarzenia, i która dlatego nie wnosi niczego nowego do wytłumaczenia możliwości poznania a priori i nie należy z tego powodu do filozofii transcendentalnej, lecz do psychologii[4].

A w *Krytyce władzy sądzenia* (1790):

Wyobraźnia (jako twórcza władza poznawcza) jest mianowicie bardzo wielką potęgą w tworzeniu niejako drugiej przyrody z materiału dostarczanego jej przez przyrodę rzeczywistą. Oddajemy się jej wtedy, gdy doświadczenie wydaje się nam zbyt powszednie i przetwarzamy je, co prawda ciągle jeszcze podług analogicznych praw, ale zarazem jednak podług zasad zawartych wyżej, a mianowicie w rozumie, a które są dla nas równie naturalne jak te, podług których intelekt ujmuje przyrodę empiryczną. Odczuwamy przy tym naszą niezależność od prawa kojarzenia (które wiąże się z empirycznym używaniem owej władzy), tak że wprawdzie podług tego prawa zapożyczamy od przyrody materiał, ale potrafimy go przerobić w coś zupełnie innego, a mianowicie w coś, co jest wyższe niż przyroda[5].

Z kolei Fichte, na początku wieku XIX, w swojej *Teorii wiedzy* pisał:

Wyobraźnia w ogóle nie ustanawia żadnej trwałej granicy, gdyż ona sama nie ma żadnego trwałego punktu oparcia. To tylko rozum ustanawia coś trwałego, mianowicie dzięki temu, że sam dopiero zatrzymuje i utrwala wyobraźnię.

---

[4] I. Kant, *Krytyka czystego rozumu*, tłum. Roman Ingarden, Biblioteka Klasyków Filozofii, Warszawa 1957, s. 352.

[5] I. Kant, *Krytyka władzy sądzenia*, tłum. Jerzy Gałecki, Biblioteka Klasyków Filozofii, Warszawa 1964, s. 124 nn.

> Wyobraźnia jest władzą, która jakby oscyluje, zawieszona pośrodku między określeniem a nieokreśleniem, między skończonością a nieskończonością. [...] Owo oscylowanie jest więc czymś najbardziej znamiennym dla wyobraźni i jej wytworu; wytwarza ona ten wytwór niejako podczas swego oscylowania i poprzez nie. (To właśnie oscylowanie wyobraźni, zawieszonej między niedającymi się pogodzić skrajnościami — czy też ten jej konflikt ze sobą samą — sprawia, że stan, w jakim „Ja" się tu znajduje, zostaje rozciągnięty w jakąś chwilę czasową. Dla samego tylko czystego rozumu wszystko jest równoczesne. Jedynie dla wyobraźni istnieje czas)[6].

Hegel w *Wykładach z estetyki* mówić będzie o wyobraźni (synonimicznie z fantazją): artystycznej, jako darze przyrody, jako talencie; jako zdolności twórczej; musi ona wchłonąć w siebie rzeczywistość wewnętrzną i zewnętrzną; omawia jej rolę u Persów i Hindusów oraz w religii chrześcijańskiej. Schelling zaś pisze w swojej *Filozofii sztuki*:

> Trafne niemieckie wyrażenie „siła wyobraźni" oznacza właściwie siłę zespalania (*Ineinbildung*), na czym w istocie polega wszelka twórczość. Ona jest siłą, dzięki której to, co idealne, jest zarazem realnym, dusza jest ciałem, siłą indywidualizacji, będącą właściwą mocą twórczą. [...] Życie jest tylko w tym, co szczególne. Ale życie i różnorodność, lub w ogóle to, co szczególne, bez ograniczenia tego, co stanowi jedno, jest pierwotne i samo w sobie możliwe tylko dzięki zasadzie boskiej wyobraźni albo, w świecie wywiedzionym, możliwe tylko dzięki fantazji, która łączy absolut i ograniczenie i wnosi w to, co szczególne, całą boskość tego, co ogólne. [...] W stosunku do fantazji określam wy-

---

6 H. Fichte, *Teoria wiedzy*, tłum. Marek J. Siemek, Biblioteka Klasyków Filozofii, Warszawa 1996, s. 232–233.

> obraźnię jako to, co przyjmuje w siebie i kształtuje twory sztuki, fantazję, jako coś, co je ogląda z zewnątrz, jak gdyby wyrzuca je z siebie, i o tyle również je przedstawia. Taki sam stosunek zachodzi między rozumem i oglądem intelektualnym. W rozumie i poniekąd z tworzywa rozumu powstają idee, ogląd intelektualny jest siłą przedstawiającą wewnętrznie. Fantazja zatem jest intelektualnym oglądem w dziedzinie sztuki[7].

W przenikniętej duchem romantyzmu epoce dziejów muzyki (której i my jesteśmy spadkobiercami) również wyobraźnia kompozytorska osiąga fazę szczytową — bogactwa, złożoności, pełni — w intensywnym współgraniu czterech swoich zasadniczych typów: wyobraźni muzycznej (pod hasłem dźwięk); poetyckiej (pod hasłem słowo); malarskiej (pod hasłem obraz); refleksyjnej (pod hasłem myśl). Ich współgranie unaoczni nam schemat koncentrycznych kręgów przestrzeni ogólnej wyobraźni. Wyobraźnia muzyczna — tu najważniejsza, stanowiąca *conditio sine qua non* pozostałych jej odmian — okala całą przestrzeń, stanowiąc zarazem jej centrum. Najbliższa niej jest wyobraźnia poetycka. W dalszym kręgu — wyobraźnia malarska. Wreszcie — wyobraźnia refleksyjna, stykająca się z wyobraźnią muzyczną kręgu okalającego.

Jak się mają do siebie te odmiany wyobraźni? Różne zdają się ich proporcje w osobowości każdego z wielkich kompozytorów (przy zachowaniu stałego odniesienia do wyobraźni muzycznej). U Berlioza, Liszta, Wagnera wyobraźnia poetycka z malarską ze sobą rywalizują. Schubert przeniknięty jest poetycką refleksyjnością. O muzyce Brahmsa, zwłaszcza kameralnej i fortepianowej, powie-

---

[7] F. W. J. Schelling, *Filozofia sztuki*, tłum. Krystyna Krzemieniowa, Biblioteka Klasyków Filozofii, Warszawa 1983, s. 60.

dzieć można, że jej rozległe obszary poruszane są i przeniknięte wyobraźnią głęboko refleksyjną. U Chopina muzyczność z poetyckością harmonijnie się splata. U Brucknera muzyczność współgra z refleksyjnością...

„Czwór-jedyna" wyobraźnia kompozytorska, osiągająca apogeum w romantycznym wieku XIX, ma również swoją historię, ciąg rozwojowy, w nowożytnych dziejach muzyki. Epokę romantyzmu poprzedza wszak wielka epoka baroku. A wcześniej, w XVII wieku — w szkołach instrumentalnych gambistów, lutnistów, klawesynistów — „poczwórna wyobraźnia" rozkwita w dziejach po raz pierwszy. Forma muzyczna — kreowana w żywej praktyce gry, doświadczaniu instrumentów — budzi tam również skojarzenia poetyckie, malarskie, refleksyjne... Geniusz zaś owej poczwórnej wyobraźni kulminuje w wieku następnym — u Bacha. W jego twórczości tkwią obfite źródła wyobraźni, z których czerpać będą i zasilać swoją twórczość następne pokolenia kompozytorów. Intensywny rozwój „czwór-jedynej" romantycznej wyobraźni — z Bachowskiego korzenia! — kulminować będzie, na przełomie wieków, w twórczości Mahlera.

Wyobraźnia muzyczna kompozytora romantycznego stanowi warunek niezbędny i podstawowy istnienia i funkcjonowania pozostałych typów wyobraźni: daje podstawę, określa punkty wyjścia, wyznacza cel. Wyobraźnia, pojmowana jako zdolność („substancjalna") całościowego przedstawiania sobie dźwiękowych postaci — struktur, konstrukcji, form — jeszcze przed ich realizacją, w swoistym wyprzedzaniu kompozycji, w całościowym uświadamianiu sobie muzycznego uniwersum jako jedności w różnorodności. Wyobraźnia pojęta jako zdolność syntezy w budowaniu i przedstawianiu muzycznego świata. Tak pojmowana wyobraźnia kompozytorska charakteryzuje się szczególną skłonnością do „myślenia" strukturą-konstrukcją-kompozycją-formą dźwiękową. Muzyczność zaś, oparta na poczuciu strukturalno-dźwiękowej logiki, jest tu u podstaw wszelkich poczynań: ona wchłania w siebie, przetwarza i organizuje — muzycznie — słowo (poetyckie), obraz (malarski), refleksję (filozoficzną).

Wyobraźnia muzyczna kompozytorów romantycznych działa w stałej symbiozie z wyobraźnią poetycką, której sednem jest poezja, choć obejmuje ona całą literaturę, także więc prozę narracyjną i dramat. W centrum wszakże jest poetyckość — jako nastrój (*Stimmung*), dyspozycja duszy, stan ducha, stadium umysłu. Poetyckość wynikająca z romantycznego świato-odczucia, świato-obrazu, światopoglądu. „Poetycko zamieszkuje człowiek tę ziemię" pisał niegdyś z początkiem XIX wieku wielki poeta romantyczny Hölderlin; myśl tę podejmie i rozwinie największy filozof XX wieku Martin Heidegger, który najgłębiej wniknął był w istotę poezji:

> Poezja jest stanowieniem czegoś przez słowo i w słowie. Lecz co jest tak stanowione? Coś, co trwa. Czy jednak coś, co trwa może w ogóle być stanowione? Czy nie zastajemy go zawsze? Nie! Właśnie coś, co trwa, musi zostać zatrzymane, by nie porwał go rwący potok czasu; proste musi zostać wydarte z zawikłania, miara przedłożona nad to, co miary nie ma. Musi wyjść na otwartą przestrzeń to, co dźwiga byt w całości, co niepodzielnie w nim panuje. Bycie musi zostać otwarte, by zjawił się byt. A przecież wszystko to, co trwa, jest przelotne: „Przemija szybko wszystko, co niebiańskie; ale nie na próżno". Zatrzymanie tego, co trwa pomimo wszystko — oto zadanie „powierzone trosce i służbie poetów". Poeta nazywa bogów i wszystkie rzeczy tym, czym są. Nie polega to na nadaniu nazwy czemuś, co uprzednio było już znane — byt zostaje mianowany tym, czym jest, dopiero przez istotne słowo poety. W ten sposób

> byt staje się znany jako byt. Poezja to stanowienie bycia przez słowo. [...]
>
> Poezja nie jest po prostu ozdobą naszego istnienia, nie jest przelotnym uniesieniem, nie jest bynajmniej jakimś stanem podniecenia czy rozrywką. Poezja jest podstawą wspierającą dzieje i dlatego nie jest również po prostu jakimś przejawem kultury, tym bardziej zaś nie jest jedynie „wyrazem" jakiejś „duszy kultury". [...] Poezja wydaje się nierzeczywistością i snem, w zestawieniu z namacalną i głośną rzeczywistością, w której na pozór jesteśmy zadomowieni. A przecież jest odwrotnie — rzeczywista jest opowieść poety i zadanie, które podejmuje on swym bytowaniem. [...] Zdaje się tedy, że istota poezji jest chwiejna. To ona sama przybiera na zewnątrz taką chwiejną, pozorną postać. A przecież stoi mocno na ziemi. Jest przecież w swej istocie stanowieniem: mocnym ugruntowywaniem[8].

Poetyckość jest naczelną cechą romantyzmu. Jej dopowiedzeniem będzie fantastyczność, swego rodzaju nadrealność, realność wyższego rzędu. Oba pojęcia wskazują na przekraczanie granic, wychodzenie z ram potocznej, „szarej" rzeczywistości, która w świetle poezji zdaje się jedynie cieniem rzeczywistości prawdziwej!

Przenikniętа zaś wolą transcendencji poetyckość ma podłoże metafizyczne. Pisał u schyłku XVIII wieku Novalis:

> Metafizyka jest czystą dynamiką myślenia. Zajmuje się ona pierwotnymi siłami myślenia, samą duszą nauki o myśleniu. Pojęcia metafizyczne mają się do siebie tak, jak myśli nie ujęte w słowa[9].

---

8 M. Heidegger, *Hölderlin i istota poezji*, tłum. Krzysztof Michalski, w: *Teoria badań literackich za granicą*, oprac. Stefania Skwarczyńska, t. II, cz. II, Kraków 1981, s. [...]

9 Novalis, dz. cyt., s. 192–193.

Poetyckie zamieszkiwanie ziemi jest zarazem zamieszkiwaniem metafizycznym. Są dwa zasadnicze rodzaje poetyckości: językowa, osadzona w słowie, literalna oraz nadjęzykowa, apojęciowa (nastrój, klimat poetycki, przedsłowna intuicja).

Przynależna duchowej naturze człowieka poetyckość ma w sobie coś boskiego, jest niby „piękna iskra bogów" (*schöne Götterfunken*) z ody Schillera, czy też, sięgając do średniowiecza, jak „iskierka duszy" z metafory Mistrza Eckharta...

Czym jest wyobraźnia poetycka w dziedzinie muzyki, w kontekście twórczości muzycznej, w polu pracy kompozytorskiej? Szczególnym wyczuleniem i ukierunkowaniem na słowo, pojęcie, figurę poetycką, metaforę, peryfrazę. Wyobraźnia poetycka karmi się literaturą, nasyca się stanami, napawa sytuacjami literackimi. Kompozytor tą wyobraźnią obdarzony postrzega rzeczywistość na sposób poetycki, przez pryzmat literatury: w mowie wiązanej przede wszystkim, a także fabularnie, epicko, narracyjnie, dramatycznie. Wyobraźnia poetycka po raz pierwszy rozkwita w XVII wieku, w ówczesnych (głównie francuskich) szkołach instrumentalnych. Widomym zaś przejawem tej wyobraźni — kształconej, jak mniemać można, na kunsztownej poezji — emblematycznym jej znakiem u muzyków i kompozytorów francuskich, wyspecjalizowanych w grze i kompozycji na instrumenty strunowe, są (programowe?) tytuły ich utworów. Zrazu nieliczne — dedykacyjne, hołdownicze, wspomnieniowe, nastrojowe, z czasem, w XVIII wieku, zagęszczające się w misterną siatkę nazw, odniesień, aluzji, u François Couperina Le Grand zaś sięgające apogeum różnorodności. Świadczą one o rozwiniętej wyobraźni poetyckiej największego twórcy muzyki klawesynowej; a także o współgraniu (syntezie) tej wyobraźni z wyobraźnią malarską.

Po raz drugi, w bogatszym i bardziej zróżnicowanym *milieu* dźwiękowym, kulminuje wyobraźnia poetycka u kompozytorów XIX wieku; szczególnie zaś obdarzeni nią będą Schubert, Schumann, Berlioz, Liszt, Wagner, Brahms, Strauss, Mahler. Wielcy twórcy pieśni, muzyki fortepianowej, symfonicznej, dramatycznej, łakną impulsów literacko-poetyckich: metafor, przyrównań, narracji, opisów, przedstawień, toposów — dla podsycania własnej inwencji, pobudzania wyobraźni...

Kilka przykładów muzyki wymienionych kompozytorów, na różne sposoby „poetyzowanej" (jak by może powiedział Novalis). Oto więc wyobraźnia muzyczno-poetycka przejawiona najbardziej bezpośrednio, w symbiozie z żywym słowem — w pieśni, u czterech największych jej mistrzów.

Schubert:
Przestań już, strumyczku, szumieć!
I nie huczcie młyńskie koła!
Świergotliwe ptaszki leśne,
Duże, małe, —
Uciszcie się, nie śpiewajcie!
Niechaj las —
Wzdłuż i wszerz —
Jedną pieśnią dziś rozbrzmiewa:
Moją jest młynarka luba!
Moją!

(*Mein*, z cyklu *Die Schöne Müllerin*)

Schumann:
Lotosu kwiat strwożony
przepychem słońca lśnień,
z schyloną nisko głową
na noc czeka w swoim śnie.
Księżyc, kochanek jego,
budzi go światłem ze snu,

kwietną, łagodną twarzyczkę
z czułością unosi mu.
W milczeniu wystrzela i kwitnie,
i płonie, blask siejąc w krąg,
i pachnie i płacze, drżąc cały
z miłości, z miłosnych mąk.

(*Die Lotosblume*, z cyklu *Myrthen*)

Brahms:
Deszczowy i burzliwy był to czas,
Znalazłem się przy grobie zapomnianym;
Zmurszały kamień, krzyż, na wieńcach pleśń,
I nikły imion ślad pozarastanych.
Burzliwy i deszczowy był to czas,
Na wszystkich grobach ściął mróz to: „Nie żyją."
Jak powalone śmiercią trumny śpią,
Na wszystkich grobach tajało: „Ożyją".

(*Auf dem Kirchhofe* op. 105 nr 4)

Mahler:
I słońcem znów rozbłyśnie dzień,
choć na noc padł nieszczęścia cień!
Nieszczęście spotkało tylko mnie!
A słońce na wszystko blaski swe śle!
Niech noc ta krzyżem ci nie będzie,
Lecz w wiekuistą światłość wejdzie.
Lampeczka zgasła w namiocie mym,
radosne światło świata, witaj mi!

(*Nun will die Sonn' so hell aufgehn, z Kindertotenlieder*)

Następnie wyobraźnia dramatyczna i dramatyzowana Wagnera — w scenie śmierci Zygfryda i muzyce żałobnej ze *Zmierzchu bogów*.

Wyobraźnia narracyjna, quasi-fabularna — Mahlera (*III Symfonia*, początek).

Caspar David Friedrich, *Krzyż i katedra w górach*

Wyobraźnia malarska z kolei — pod hasłem „obraz" — jest szczególną zdolnością przywoływania i wywoływania obrazów, dźwiękowego zakomponowywania wyglądów quasi-naocznych, kompozytorskiego „myślenia obrazami". Tą zdolnością rysunkowo-malarską, przysługującą „z definicji" plastykom, mogą być również obdarzeni poeci, pisarze, muzycy, kompozytorzy. I oni więc mogą „malować" i „rysować" również słowami, także dźwiękiem, brzmieniem, strukturami dźwiękowymi.

Dotykamy tu znamiennego paradoksu muzyki. Jest ona w istocie swego oddziaływania (dźwiękowej konkretyzacji) radykalnie niewidzialna. Urzeczywistnia się całkowicie w słyszalnym wykluczającym widzialne. A przecież budzić może również skojarzenia naoczne! Jak gdyby tkwiła w niej chęć unaoczniania swoich brzmień i struktur dźwiękowych, rozszerzania słyszalnego o widzialne. Stąd też mówimy o wyobraźni malarsko-obrazowej kompozytorów. W jej centrum jest obraz — wygląd naoczny (zmysłowa naoczność jest atrybutem tej wyobraźni). Kompozytor nowożytny — w baroku zwłaszcza Vivaldi, Händel, Rameau; w romantyzmie Berlioz, Wagner, Strauss, Mahler, Debussy — kompozytor, u którego ten rodzaj wyobraźni się przejawia, ma wyostrzony (estetycznie!) zmysł wzroku, wyczulony jest zwłaszcza na świat dany w wyglądach, przedstawiony w naocznych obrazach, na rzeczywistość widzialną, w jej rozlicznych walorach i niuansach. Jest to artystyczna otwartość na zmysłową urodę świata: barwy, kształty, postacie. Łaknie się tutaj impulsów naoczności dla pobudzenia własnej inwencji, ukierunkowania jej na „malarstwo dźwiękowe" — w szerokim sensie: kreowania takiej muzyki, która by słuchającemu dawała wrażenie, wyglądów naocznych, nasuwała przed oczy niby-obrazy, budziła skojarzenia malarskie (także teatralne) przedstawionego świata natury i kultury.

Przykłady takiej wyobraźni, w szerokim sensie „malarskiej”, znajdziemy u każdego z wielkich symfoników romantycznych — od Berlioza, po Ryszarda Straussa; szczególnie zaś sugestywne w swej quasi-naoczności: u Berlioza — w *Symfonii Fantastycznej*, Wagnera — w *Złocie Renu*, Mahlera — w *Das Lied von der Erde*.

Wreszcie — wyobraźnia refleksyjna, pod hasłem „myśl”. Ten rodzaj wyobraźni cechuje namysł i zapośredniczenie muzyki komponowanej — pracy kompozytorskiej, kompozycji muzycznej — pojęciem, jak gdyby skrytym, utajonym, zaszyfrowanym w strukturze dźwiękowej. Karmi się owa wyobraźnia myślą refleksyjną na poziomie filozofii (nie tej uczonej, akademickiej, ale filozofii jako myślowego sposobu przeżywania świata); żyje, rozkwita, rozwija się w tle „pytań esencjalnych”: o byt i bycie, istotę i istnienie, rację dostateczną, sens bytu i egzystencji, o czas i przestrzeń, formę i materię, substancję i akcydensy, o idee i transcendentalia. Tak że mówić tu chyba można o wyobraźni metafizycznej, i o jej owocach w postaci muzyki budzącej filozoficzne skojarzenia czy też „uczucia metafizyczne”. Wspomnieliśmy już o nich w poprzednim szkicu, tyczącym „przestrzeni myślowej” muzyki romantyzmu; a do frapującej problematyki związków istotnych (choć nie dla wszystkich jeszcze oczywistych) między muzyką a filozofią będziemy jeszcze nieraz wracać. Przykłady wyobraźni „refleksyjnej” znajdziemy na przykład u Chopina (*Largo* z *Sonaty h-moll*), u Brahmsa — w utworach fortepianowych.

W konkluzji tych dywagacji wspomnijmy jeszcze o tym, co wyobraźnię romantyczną — tak bardzo w polu muzyki wybujałą — moderuje i doprowadza do klarowności formy. Jest to logika — towarzysząca dziejom, przemianom i rozwojowi muzyki, od jej pierwszych nutowych zapisów. Powiedzieć można — upraszczając, ale zgodnie z prawdą — że te dwie energie kreatywne, siły formotwórcze: logika i wyobraźnia, rządzą muzyką Europy co najmniej od półtora tysiąca lat, i że inne czynniki procesów rozwojowych sprowadzają się w gruncie rzeczy do tych dwu, naczelnych.

Logika — czyli pierwiastek racjonalny, myślenie przyczynowo-skutkowe, prymat wynikania, przewidywalność, spójność wiązania pojęć, dyscyplinowanie żywiołu energii, porządkowanie chaosu materii.

Wyobraźnia — przeciwstawna logice (choć i ona ma swoją „logikę"!), zarazem z nią współgrająca. Irracjonalna intuicja, „oderwanie od przyczyny", kapryśna niespójność myśli w ich swobodnym ruchu, myślenie apojęciowe — muzyczne, poetyckie — obrazem, symbolem...

Aż do końca wieku XVI logika rządzi muzyką w jej przeniknięciu myślą kontrapunktyczną, normowaniu regułami średniowiecznej z ducha polifonii. Forma „aprioryczna" muzyki, określona zasadami logiki, podporządkowuje sobie wyobraźnię, której pole działania jest aż po wiek XVII ograniczone. Na przełomie wieków XVI i XVII wyobraźnia muzyczna, działając już w samej substancji dźwiękowej, wyzwalać się poczyna do nowej formy, a w szkołach instrumentalnych XVII wieku staje się wyobraźnia istotnym czynnikiem formotwórczym; jej udział w kształtowaniu muzyki ciągle rośnie, aby w szczytowej fazie baroku osiągnąć swój szczyt — u Bacha i Händla, a później wysubtelniać się i niuansować w preromantycznym stylu „wzmożonej uczuciowości". Romantyzm zaś muzyczny w XIX wieku zdaje się być przez żywioł wyobraźni zdominowany. Wreszcie miniony już wiek XX, tłumiąc zrazu pozostałości wyobraźni romantycznej przez „mózgowe" koncepcje kompozycji „spekulatywnych", degradując wyobraźnię starą, romantyczną, odsłoni horyzonty wyobraźni nowej, wyzwolonej, ekscytującej nowością, frapująco ekscentrycznej.

Dzieje muzyki w kulturze Europy (a może i wszelkiej muzyki?) skazane są niejako na współistnienie i współdziałanie tych dwu czynników — logiki i wyobraźni. Także na ich konflikt i rywalizację: tłumienie wyobraźni przez logikę, ignorowanie logiki przez wyobraźnię. Przede wszystkim zaś na paradoks i kompromis. Albowiem logika działająca w sferze muzycznej wyobraźni staje się logiką artystyczną, niby-logiką, logiką w cudzysłowie, do zwykłej, normalnej logiki — w pierwszym znaczeniu — tylko podobną. W polu muzyki wyobraźnia — kompozytora, wykonawcy, słuchacza (te trzy stadia trzeba tu rozróżnić!) — „znosi" logikę w dążeniu do „nadlogiczności", z punktu widzenia normalnej logiki — paradoksalnej!

Łączenie więc wyobraźni z logiką jest jednym z naczelnych paradoksów muzyki, jak zresztą i sztuki w ogóle. Również, a może głównie, dzięki temu — romantycznemu! — paradoksowi muzyka jakoś dotąd żyje, a nawet rozwija się…

VIII. KRĄG INSTRUMENTÓW — ROMANTYCZNA ORKIESTRA

Kultura muzyczna XIX wieku charakteryzuje się również rozkwitem, aktywnością, wręcz ekspansją instrumentów — traktowanych solowo i zespołowo, kameralnie i orkiestrowo. Tutaj też, podobnie jak w innych dziedzinach życia, działa znamienny dla tego stulecia duch postępu technicznego. Rośnie przede wszystkim produkcja fortepianów: wprowadza się w nich nowe mechanizmy, ulepsza sposoby gry, zwiększa siłę brzmienia, stosownie do dużych sal koncertowych. Doskonali się też sposoby gry na instrumentach dętych, drewnianych i blaszanych. Konstruuje się nowoczesne harfy pedałowe. Buduje się duże „romantyczne" organy lub „romantyzuje" dawne, barokowe.

W historii instrumentów muzycznych Europy jest to już drugie apogeum ich aktywności. Pierwsze przypadło na wiek XVII, kiedy to kompozytorzy, zafascynowani muzykotwórczymi walorami lutni, wioli da gamba, skrzypiec, organów, klawesynu, zawiązywali „szkoły instrumentalne". To zaś dziewiętnastowieczne romantyczne apogeum życia instrumentów jest bardziej „totalne" i różni się od tamtego, barokowego, tak jak, powiedzmy, różni się — w swoich „feudalnych" jeszcze hierarchiach — siedemnastowieczne społeczeństwo od nowocześnie mieszczańskiego, industrializowanego i instytucjonalizowanego społeczeństwa XIX wieku. W owym stuleciu intensywne życie instrumentów rozkwita i toczy się na różnych płaszczyznach: prywatnie, domowo, publicznie, instytucjonalnie. Instrumenty potrzebne są nie tylko kompozytorom do realizacji twórczych zamierzeń; także ówczesna muzykalna publiczność kocha instrumenty, potrzebuje ich...

Romantyczną pełnię życia osiągają instrumenty w sferze publicznego koncertu. Dwa są bowiem w tym stuleciu najważniejsze ośrodki życia muzycznego, najsilniejsze ogniska muzycznej kultury: opera i właśnie koncert. Można więc powiedzieć, że jest to również wiek dominacji koncertu — jako zinstytucjonalizowanej formy życia muzycznego, płatnej prezentacji utworów muzycznych (przez co muzyka, jak by powiedzieli ekonomiści, staje się również... towarem, w „kapitalistyczno-kupieckim" sensie tego słowa!); koncertu jako instytucji, w tej zasadniczo jego postaci, z jaką obcujemy do dziś. Powstają pierwsze budynki z salami specjalnie do koncertów przeznaczonymi. Zawiązują się towarzystwa organizujące koncerty i utrzymujące orkiestry; pod koniec stulecia powstają pierwsze filharmonie...

Tak więc życie muzyczne XIX wieku, publiczne i prywatne, koncentruje się także wokół gry instrumentów: fortepianu, skrzypiec, altówki, wiolonczeli, klarnetu, fletu, oboju, waltorni; wokół duetów, triów, kwartetów, kwintetów, sekstetów; wokół orkiestry. Można więc wprost powiedzieć, że to głównie instrumenty to życie organizują, publicznie i prywatnie, a także — polaryzują. To życie muzyczne ma bowiem dwa najbardziej intensywne ośrodki skupienia: fortepian i orkiestrę symfoniczną. Rola, jaką odegrała orkiestra w rozwoju kultury wysokiej XIX wieku, przekracza zakres wąsko pojętej muzyki i muzyczności: jest to rola kulturotwórcza. Orkiestra symfoniczna mianowicie stanowi konkretną podstawę, materialny fundament bytowy prądu, nurtu, formacji czy też stylu (w najszerszym pojęciu tego słowa), który pozwoliliśmy sobie nazwać, ogólnie i niezbyt zgrabnie, symfonizmem. Ów nad-styl uprawiania muzyki powstaje w połowie XVIII wieku, osiąga zaś swój szczyt na przełomie wieków XIX/XX. Z uwagi na jego kulturową ważkość możemy mówić o dziewiętnastowiecznej „kulturze symfonizmu", analogicznie do „kultury powieści". Symfonizm w twórczości muzycznej jest szczególnym przejawem instrumentalnej świadomości i wyobraźni oraz myślenia instrumentami. Jego korzenie sięgają doświadczeń i eksperymentów Szkoły Weneckiej z przełomu XVI wieku; a bliższe źródła tkwią w formach orkiestrowych baroku, przede wszystkim w *concerto grosso*.

Symfonizm w swej niezbyt długiej, ale bogatej w wydarzenia historii charakteryzuje się naczelną tendencją wzrostu: powiększania substancji muzyki i przymnażania jej akcydensów, poszerzania przestrzeni dźwiękowej, gęstnienia i różnicowania brzmienia. Symfonizm dziewiętnastowieczny jest przejawem muzycznego maksymalizmu, analogicznym może do maksymalistycznych prądów w ówczesnej filozofii.

Czym jest orkiestra symfoniczna dla wielkich kompozytorów romantyzmu — od Webera i Schuberta po Mahlera i Straussa? (Chopin, w drugiej, paryskiej części swego życia orkiestrą zgoła niezainteresowany, byłby tu jedynym i zaskakującym wyjątkiem!). Próbujmy się wczuć w symfoniczne zamiary, intencje, koncepcje kompozytorów. Można mniemać, że orkiestra w muzycznej świadomości, muzycznym świato-odczuciu i świato-obrazie romantyków, jawi im się jako jeden złożony i wewnętrznie zróżnicowany instrument, jako instrumentalna jedność w różnorodności i różnorodność w jedności. Instrument, na którym gra mistrzowska wymaga nadzwyczajnego talentu i ogromnej wyobraźni — na najwyższym stopniu muzycznych wtajemniczeń; chociaż jej podstaw technicznych, czyli zasad instrumentacji, orkiestracji — można się jakoś wyuczyć. I tak pierwszy z wielkich mistrzów-wirtuozów gry na orkiestrze, Hector Berlioz, powodowany dydaktyczną intencją, opublikuje w roku 1844 podręcznik sztuki instrumentacji orkiestrowej. A kilkadziesiąt lat później, w roku 1904, dzieło to rozszerzy i dopełni o własne doświadczenia Richard Strauss.

Podobnie jak inne, solowe instrumenty, tak i orkiestrę symfoniczną w wieku postępu, ewolucji i przyspieszenia cywilizacyjnego znamionuje dynamiczny rozwój. Klasyczny model orkiestry, znany z partytur Haydna, Mozarta, Beethovena, w swoich podstawach, układzie instrumentów, schemacie ich zapisu — od góry do dołu, od „drzewa", poprzez „blachę", kotły, skrzypce, do kontrabasów — nie zmienia się zasadniczo. Ale symfoniczno-orkiestrowa wyobraźnia kompozytorów, zwłaszcza tych, dla których orkiestra stanowi główny środek artystycznej wypowiedzi, przeniknięta jest wolą wzrostu — powiększania, różnicowania i doskonalenia. Rzec można, iż orkiestra — po Beethovenie i od Berlioza, który dokonuje tu rewolucyjnego skoku — pragnie być c o r a z w i ę k s z a: liczniejsza, gęstsza, głośniejsza, a jednocześnie coraz bardziej zniuansowana, coraz bardziej w swoim spektrum brzmieniowym subtelniejsza. Chce być jak gdyby jednym wielkim instrumentem romantycznej ekspresji uczuć, na którym wygrać można wszystkie ich najdonośniejsze i zarazem najdelikatniejsze przejawy. A poprzez rezonowanie emocjonalne, granie na skali uczuć, pragnie orkiestra symfoniczna również malować, obrazować, ilustrować, znaczyć, symbolizować (co też wymaga ciągłego doskonalenia gry zespołowej). Osiągnie zaś orkiestra to najwyższe stadium swoistej instrumentalnej „semiotyki" — apogeum wyrazowości i znaczącej ekspresji — w partyturach Wagnera. W jego drodze twórczej orkiestra zmierza do tego szczytu potęgi, bogactwa, zróżnicowania, jaki osiągnie w tetralogii *Pierścień Nibelunga:* o składzie blisko stuosobowym z potrójnym czy poczwórnym „drzewem", wydatnie rozszerzoną „blachą", wzmocniona w swych podstawach o tuby basowe, wzbogacona perkusyjnie (kowadełka!), dopełniana sześcioma harfami... Usytuowana w głębokiej piętrowej fosie — specjalnie dla niej zaprojektowanym pudle akustycznym Teatru w Bayreuth, dzięki czemu może uzyskać spektrum brzmieniowe o niezrównanej urodzie: nasycone, światłocieniowe, pełne blasku, potężne i arcysubtelne, którego skala głośności rozciąga się od nieuchwytnego *pianissimo* do skrajnego *fortissimo.*

Taka orkiestra Wagnerowska, opierająca się, co oczywiste, na symfonicznych osiągnięciach poprzedników — Webera, Berlioza, Mendelssohna — stosowana w dramacie muzycznym, przystosowana dla jego potrzeb, staje się genialnym instrumentem dźwiękowej charakterystyki stanów rzeczy: wewnętrznych i zewnętrznych, subiektywnych i obiektywnych, podmiotowych i przedmiotowych. Język symfonizmu, mowa orkiestry, bardzo się tu wzbogaca, zarazem doskonali, precyzuje, pogłębia; skala efektów orkiestrowych poszerza się — stosownie do mnogości, bogactwa, rozmaitości motywów przewodnich stanowiących substancję muzyczną Wagnerowskich dramatów. Właśnie symfoniczno-orkiestrowa gra motywów znaczących — ich krążenia, nawroty, odmiany, przetworzenia, ich konfiguracje — stanowi właściwe podłoże i przestrzeń wewnętrzną dramatycznej akcji, w jej stopniowym rozwoju, co śledzić możemy na przykład w pierwszym akcie *Walkirii.*

Z dokonań i odkryć Wagnera — zwrotów, figur, idiomów, toposów jego orkiestrowego języka: lirycznych, dramatycznych, komicznych, „bruitystycznych" czy „turpistycznych", w jakie obfituje zwłaszcza partytura *Zygfryda*, czerpać będą jego romantyczni następcy: Bruckner, Czajkowski, Mahler, Strauss, a dalej ekspresjoniści wiedeńscy, symfonicy XX wieku... Dziewiętnastowieczny symfonizm, urzeczywistniany przez ów czarodziejski instrument — orkiestrę — ma swoją frapującą „alchemię". Za jego to mianowicie sprawą w medium romantycznej orkiestry dokonuje się znamienna przemiana zasadniczych elementów utworu muzycznego: melodii, harmonii, polifonii, i generalnie czasoprzestrzeni. Dźwiękowy sens tej przemiany możemy uchwycić przez proste porównanie: brzmienia wyciągu fortepianowego z pełnym spektrum brzmieniowym Wagnerowskiej orkiestry. Uderzająca jest tu zwłaszcza metamorfoza czasoprzestrzeni, a początek partytury *Tristana* stanowi jej przykład wzorcowy. Ta sama substancjalnie fraza, z „akordem tristanowskim" i „motywem miłosnego pragnienia" — w instrumentacji i orkiestrowym kolorycie staje się jakościowo inna: jej czas zgęszcza się i zarazem wydłuża, a przestrzeń rozszerza się.

Nasycona barwą, mieniąca się odcieniami dźwiękowego koloru linia melodyczna ekspresyjnie intensywnieje. Sedno zaś przemiany elementów tkwi w metamorfozie harmoniki pojmowanej jako system napięć, funkcji, współzależności i odniesień międzyakordowych. Instrumentacja orkiestrowa harmonicznej struktury substancjalnej zawiera w sobie możność przemiany kolorystycznej, metamorfozy harmoniki przez barwę, w konsekwencji — wzmacniania bądź osłabiania napięć, zacieśniania bądź rozluźniania więzi między współbrzmieniami, akcentowania bądź zacierania funkcji współbrzmień. A co ważniejsze: współbrzmienie w jego „substancji" — konsonansowe czy dysonansowe — może być przez odpowiednią instrumentację wyostrzone, wyjaskrawione, bądź stonowane, łagodzone, moderowane.

Substancjalna zaś polifonia, czy mówiąc inaczej kontrapunktyka — sposób kształtowania muzyki najstarszy, zakorzeniony w średniowieczu — przemienia się w symfonizmie w swoisty linearyzm barw brzmieniowych, w ich rozszczepianie, w „kontrapunkt kolorystyczny", orkiestrową polifonizację instrumentalnych kolorów. Jak również, co ma też stare korzenie w instrumentalizmie renesansu i wczesnego baroku, w różnobarwny dialog instrumentów — jak w drugiej części *IV Symfonii* Mahlera...

Barwność, wielobarwność, polikolorystyka to naczelna cecha partytur orkiestrowych kompozytorów XIX wieku, rozmiłowanych w uniwersum brzmieniowym orkiestry jak nigdy przedtem. Wyobraźnia tych wielkich symfoników jest wybitnie kolorystyczna, barwami brzmienia dysponują oni tak, jak malarze — romantycy, impresjoniści — barwami naocznymi. Dlatego trafnie mówimy o symfonicznej „palecie barw", choć to określenie zbanalizowane. Słuchając muzyki Berlioza, Wagnera, Czajkowskiego, Mahlera, Straussa, chciałoby się powiedzieć, że kompozytorzy ci czują, oddychają, myślą orkiestrą, instrumentując niejako „od ręki" i pisząc muzykę od razu do partytury. W rzeczywistości jednak proces kompozytorski — pisania muzyki — jest tu ciągle jeszcze, aż po wiek XX, dwuetapowy (analogicznie do malowania obrazu): najpierw szkic całości — „ołówkowy", jednobarwny, czarno-biały, strukturalno-substancjalny — potem dopiero orkiestracja, pisanie właściwej partytury. Co nie przeszkadza, że pewne pomysły, koncepcje instrumentacyjne, mogą być potencjalnie zawarte już w szkicu lub nawet go wyprzedzać.

Wróćmy jeszcze do kwestii przestrzenności, przestrzeni, jaką przedstawia sobą i zarazem w sobie zawiera dzieło symfoniczne — symfonia, poemat symfoniczny, dramat muzyczny XIX wieku. Otóż ta przestrzenność (czasoprzestrzeń) charakteryzuje się szczególną dialektyką czy dualizmem. Jest mianowicie rezultatem dwu przeciwstawnych sobie czynności kompozytorskich — scalania i dzielenia, jednoczenia i różnicowania, zgęszczania i rozrzedzania. A mówiąc terminami bardziej muzycznymi, symfonizowania (w źródłowym sensie słowa) i kameralizowania. Ten dualizm sposobów gospodarowania symfoniczną przestrzenią dźwiękową sięga szczytów inwencji, wyobraźni i kunsztowności u dwóch mistrzów późnoromantycznego symfonizmu: Straussa i nade wszystko Mahlera. W Straussowskich poematach — *Życiu bohatera* i *Symfonii Alpejskiej* — mamy najdłuższe bodaj w historii symfonizmu i najbardziej wielobarwne partie *tutti*, kontrastujące z grą instrumentów w planach bardziej kameralnych. Straussowskie zaś mistrzostwo symfonicznej kameralistyki przejawia się w pełni w poemacie *Dyl Sowizdrzał*. Natomiast Mahler, w którego symfoniach i pieśniach „symfoniczne" z „kameralnym" nieustannie się przeplata, w nowatorstwie swej orkiestrowej wyobraźni zdaje się również antycypować technikę filmową — o kilkadziesiąt lat późniejszą! Czyni to mianowicie w zasadniczych sposobach ujęć — w mistrzowskim operowaniu planami: wielkim, szerokim, gęstym, panoramicznym, perspektywicznym (*Symfonie II, III, V, VII*); dużym i średnim, rozrzedzonym, pustym, w długich bezmontażowych ujęciach (*Symfonie IX, X*); małym, zawężonym, ruchliwie kameralnym (*Symfonie III, IV, V, VI, VII*); w „psychologicznym" planie zbliżeń, analogicznie do zbliżeń twarzy ludzkiej w filmie (*III Symfonia*, *Das Lied von der Erde*).

Analogicznie do stylów fortepianowych wielkich romantyków — Beethovena, Schuberta, Schumanna, Chopina, Liszta, Brahmsa — wyróżnić można indywidualne style symfoniczne, różne *modi* bycia w orkiestrze, rozmaite sposoby jej kompozytorskiego traktowania, dysponowania paletą barw instrumentalnych, zagospodarowywania symfonicznej przestrzeni. Przy wspólnym zakorzenieniu w osiemnastowiecznym klasycyzmie Haydna i Mozarta, jak też przy nadrzędnym patronacie Beethovena, którego wszyscy symfonicy romantyczni czują się spadkobiercami (Berlioz powie wprost, że jest w swej muzyce niczym innym niż tylko „crescendem Beethovena"!).

Wszelako w tym poklasycznym i po-Beethovenowskim dziedzictwie rysuje się pewien dwupodział, wyodrębniają się jakby dwa nurty, dwie „kategorie", dwie grupy: kompozytorów, dla których orkiestra jest naczelnym instrumentem artystycznej wypowiedzi oraz kompozytorów, u których jest ona jednym z głównych instrumentalnych mediów — obok fortepianu i zespołów kameralnych.

Do pierwszej grupy należą Berlioz, Wagner, Bruckner, Czajkowski, Mahler, Strauss. Są to „rasowi" symfonicy, dla których bycie w orkiestrze oznacza pełnię życia w muzyce; którzy czują, oddychają i myślą orkiestrą. Respektując wspólne *principia* romantycznej orkiestracji i naczelny postulat instrumentalnej śpiewności, odciskają zarazem na swych partyturach wyraziste znamiona stylów indywidualnych. A to znaczy, że u każdego z nich substancjalne (melodyczno-harmoniczno-kontrapunktyczne) idiomy stylu — motywy, tematy, współbrzmienia — inaczej wchodzą w życie barw instrumentalnych orkiestry; inaczej są orkiestrowo rozwijane, przetwarzane, odmieniane, rozprzestrzeniane, konfigurowane. Inne są także u każdego z wymienionych kompozytorów sposoby scalania i podziału przestrzeni dźwiękowej, inne też proporcje między „symfonicznym" a „kameralnym". Inaczej eksponowane są i rozwijane dialogi instrumentów. Właściwości indywidualnych stylów orkiestrowych są wyraźnie uchwytne i rozpoznawalne słuchowo; analiza partytur tylko je potwierdza.

Kompozytorzy drugiej grupy: Schubert, Mendelssohn, Schumann, Liszt, Brahms, Dworzak — są w równej mierze symfonikami, co „pianistami" czy „kameralistami". Z nich Schubert, Mendelssohn, Liszt, Dworzak to również symfonicy „rasowi", znawcy orkiestry rozmiłowani w jej kolorycie, rozsmakowani w instrumentacyjnych efektach. W naturalnej barwności ich partytur, niby w obrazach doskonałych malarzy, czuje się lekkość ręki, pewność pociągnięć linii, kładzenia plam, rysowania konturu, modelowania tła... Wyczuwa się wrodzoną zdolność, potrzebę pisania na orkiestrę. I oni również, podobnie jak kompozytorzy pierwszej grupy, należą do romantycznych *kolorystów*, mających upodobania w efektach barwy,

Natomiast style symfoniczne Schumanna i Brahmsa — tak bliskie sobie, że można powiedzieć, iż ten drugi z pierwszego się wywodzi, że Brahms genialnie rozwinie to, co Schumann naszkicuje i zaznaczy — w następstwie pokoleniowym odstają od tamtych wielobarwnych poetyk orkiestrowych. Przeniknięte romantyczną śpiewnością instrumentalną (podobnie jak cała muzyka symfoniczna XIX wieku), zdają się bardziej skupione na strukturze, konstrukcji, formie i wynikającej z formy ekspresji, niż na efektach barw dźwiękowych. W symfonicznych arcydziełach Brahmsa — jego *Symfoniach* i *Koncertach* — muzyka poruszana jest siłą jej substancjalnych elementów: melodii, harmonii, kontrapunktu. Natomiast kolorystyka jest tu czymś wtórnym, jakby wypadkową gry elementów i sił formotwórczych. Siła formy, intensywność ekspresji substancjalnej góruje nad barwą, podporządkowuje ją sobie.

Na koniec, w konkluzji tego szkicu, dotknijmy fenomenu romantycznego symfonizmu jeszcze w inny sposób, bardziej „egzystencjalnie". Orkiestra symfoniczna przedstawia sobą mianowicie pewną wspólnotę, coraz ściślej organizowaną, a mającą na celu doprowadzanie muzyki do form doskonałych jej koncertowego życia. Orkiestra tak pojmowana zawiera w sobie jakby model idealnego, utopijnego społeczeństwa... Czyż nie może więc orkiestra stanowić także swoistego azylu dla romantycznych samotników, którym samotność, dobrowolna lub przymusowa, wewnętrzna i zewnętrzna, poczyna zbytnio doskwierać? Czy nie jest jakimś miejscem wymarzonym, w którym romantyczny Wędrowiec zdolny byłby odnaleźć zagubiony sens własnej egzystencji? Miejscem, gdzie romantyczna samotność podlega dialektycznemu „zniesieniu"?

Théodore Géricault, *Tratwa Meduzy*

IX. MUZYKA WOBEC SYTUACJI GRANICZNYCH

Muzykę wielkich kompozytorów XIX wieku przenika maksymalizm, znamienny w ogóle dla świato-odczucia romantycznego. Maksymalizm czucia i myśli, intuicji i intelektu, wiary i wiedzy, poznania i działania. Maksymalizm w „pesymizmie" i „optymizmie". Maksymalizm w sztuce, nauce, religii, filozofii. Maksymalizm w poczuciu wolności — indywidualnej i społecznej. Maksymalizm w doznawaniu i przeżywaniu — siebie i świata. Maksymalizm wypowiedzi i ekspresji, opisu i przedstawiania. Maksymalizm apologii, apoteozy i — krytyki.

W filozofii, stanowiącej myślowe centrum każdej kultury wysokiej, duch romantycznego maksymalizmu szczególnie silnie działa w pierwszej połowie XIX wieku. Wtedy to powstają, w dziełach Hegla, Schellinga i młodszego od nich o pokolenie Schopenhauera, trzy wielkie systemy filozoficzne — dynamiczne, otwarte, z tendencją wzrostu, rozwoju, przekształcania; systemy metafizyczne, a mające na celu objęcie myślą — z nowożytnej perspektywy transcendentalnego Ja — całości Uniwersum, Świata, Bytu, i określenie Pierwszej Zasady. Będzie nią Duch — u Hegla, Absolut — u Schellinga, Wola u Schopenhauera... Powołane do życia gigantyczną pracą myśli systemy te wyznaczają w dziejach filozofii Zachodu szczyty absolutne!

Duch romantycznego maksymalizmu, który pobudził filozofię do tak intensywnego rozwoju i wzniósł ją na tak zawrotne wyżyny, udziela się również muzyce. Muzyka staje się „maksymalna", „maksymalistyczna". A to znaczy, że z jednej strony skupia się ona na sobie, na pielęgnacji własnej urody, sublimowaniu piękna, a z drugiej strony — przedziwna dialektyka! — otwiera się na egzystencję, czyli na to, co jest sednem bytowania człowieka na ziemi, a czego pełną pojęciową świadomość zyskaliśmy dopiero w wieku XX, w filozofii Martina Heideggera. Jego znakomity dziś interpretator, Wawrzyniec Rymkiewicz, pisze:

> Tradycja filozoficzna — mówi Heidegger — traktowała człowieka jako byt w pełni obecny, tu i teraz uchwytny, byt taki jak inne byty, jako rzecz materialną albo rzecz duchową, jako Kogoś albo jako coś. [...] Tymczasem człowiek nieustannie siebie przekracza, wykraczając zarazem poza byty, które napotyka we wnętrzu świata. Zawsze kimś już nie jestem, kimś właśnie być przestałem, choć zarazem kimś jeszcze nie jestem, kimś dopiero będę. Żyjemy w stałym napięciu pomiędzy Kimś a Nikim, jesteśmy tym napięciem, to ono nas konstytuuje. Człowiek — jeśli go porównać z rzeczami — ma chwiejną tożsamość, jest bytem permanentnie wytrąconym z równowagi, zawsze trochę nierzeczywistym. I dlatego właśnie może zapytać o sens czasownika być.
>
> Ten ruch przekraczania opisuje słynne słowo „egzystencja", które w wykładni Heideggera znaczy tyle, co stać-poza-sobą. Egzystencja to sposób bycia człowieka. Człowiek egzystuje, czyli znajduje się zawsze na zewnątrz siebie, jest w sposób ekstatyczny. [...] Heidegger nadaje pojęciu „egzystencja" całkiem nowy i nieoczekiwany sens. Tradycyjnie słowo to znaczyło tyle, co istnienie, rzeczywistość, natomiast dla Heideggera słowo „egzystencja" oznacza wykraczanie poza rzeczywistość. [...] człowiek nie ogranicza się do tego, czym jest i kim jest, lecz przede wszystkim jest, przekraczając w swoim bycie siebie jako byt[1].

---

[1] W. Rymkiewicz, *Ktoś i Nikt. Wprowadzenie do lektury Heideggera*, Wrocław 2002, s. 75.

W odróżnieniu od innych sztuk — malarstwa i rzeźby, poezji i prozy, dramatu i teatru — które, z natury „egzystencjalne", na egzystencję były otwarte od swoich początków, muzyka dość późno, bo dopiero w epoce baroku, odkrywa w sobie, w swojej substancji, wyraźne skłonności „egzystencjalistyczne". Przedtem, jeżeli nawet w sytuacjach egzystencjalnych jakoś partycypowała, to zawsze pośrednio i akcydentalnie: poprzez związki ze słowem.

Z początkiem XVII stulecia muzyka Zachodu wchodzi w pierwsze w swych dziejach stadium romantyzacji; tym samym staje się, w nowy, nowożytny sposób czuła na egzystencję. Ta czułość, tak przejmująco świeża u Monteverdiego, moderowana wszakże będzie znamiennymi dla epoki baroku konwencjami stylów powszechnych, dyscyplinowana rygorami retoryczno-afektywnej mowy dźwięków. Tak że o pełnym otwarciu muzyki na egzystencję mówić możemy dopiero w XIX wieku. Wówczas to bowiem muzyka przeniknięta romantycznymi prądami pragnie naprawdę — substancjalnie i akcydentalnie, strukturalnie i ekspresyjnie — uczestniczyć w ludzkim bytowaniu, pragnie dawać sobą świadectwo — wielowymiarowo, wszechstronnie, obrazowo i wyrazowo — egzystencji w jej istotnych przejawach.

W szczególności zaś pragnie muzyka romantyzmu wyrażać sytuacje graniczne egzystencji; tak jak je pojmuje inny wielki filozof XX wieku, współczesny Heideggerowi — Karl Jaspers.

> Sytuacjami granicznymi — pisze on — nazywam to, że stale znajduję się w jakichś sytuacjach, że nie mogę żyć bez walki i cierpienia, że biorę na siebie winę i nie mogę tego uniknąć, wreszcie, że muszę umrzeć. Sytuacje graniczne nie zmieniają się, różnią się jedynie sposobem, w jaki się

> przejawiają; są one w odniesieniu do naszego bytu empirycznie ostateczne. Nie da się ich przeniknąć poznawczo: empirycznie nie widzimy już poza nimi nic innego. Są jak mur, o który uderzamy, o który się rozbijamy. Nie potrafimy ich zmienić, lecz jedynie naświetlić, nie mogąc ich wywieść i wyjaśnić przez odniesienie do czegoś innego. Nie da się ich oddzielić od samego istnienia empirycznego[2].

Przyjrzyjmy się teraz nieco bliżej trzem „sytuacjom granicznym", które w muzyce romantyzmu znajdują szczególnie sugestywny wyraz.

Oto pierwsza z nich: walka. Wojna i śmierć, walka i umieranie — dwa posępne motywy naczelne, dwie czarne nici przewodnie poezji, prozy, dramatu, tragedii, dają świadectwo rzeczywistego bytowania człowieka na ziemi. Wojna, której celem jest pokonanie przeciwnika; śmierć, co bezwzględnie kończy ziemską wędrówkę. Umieranie w przeróżnych okolicznościach, śmierć z rozmaitych przyczyn. W rozlicznych opisach walki i śmierci literatura Zachodu sięga szczytów mistrzostwa — metafory i *mimesis*. Słowo — poezji, prozy, dramatu — manifestuje artystyczną moc, siłę sugestii, w dziełach literackich uchodzących za szczytowe osiągnięcia w przedstawianiu odwiecznego teatru wojny, takich jak *Wojna i pokój* Tołstoja czy *Trylogia* Sienkiewicza. Poruszające obrazy walki, wstrząsające sceny śmierci zapośredniczane są słowem. Malarstwo z kolei przedstawia obrazy, panoramy i szczegóły walki, sceny bitewne w różnych planach, zbliżeniach, zapośredniczając swój temat wizerunkami postaci ludzkich w akcjach batalistycznych.

A jak sobie z sytuacją graniczną walki poczyna muzyka? Bo przecież mówi ona, wyraża i przedstawia inaczej niż tam-

---

[2] K. Jaspers, *Sytuacje graniczne*, tłum. Mirosław Kwieciński, cyt. za: R. Rudziński, *Jaspers*, Warszawa 1978, s. 188.

te sztuki: nie zapośredniczając słowem ani obrazem, apelując tylko do wyobraźni słuchacza. Mówi dźwiękiem, brzmieniem, strukturą — samą istotę sytuacji granicznych. Najwyraźniej zaś i najdobitniej mówi muzyka istotę walki: właśnie ona bowiem stanowi gorące centrum, dynamicznie-eksplozywny ośrodek „sytuacji granicznych" w ogóle; walka szeroko rozumiana i głęboko pojęta. Pisze Karl Jaspers:

> Śmierć i cierpienie to sytuacje graniczne, które istnieją dla mnie także bez mego współsprawstwa. Walka i wina natomiast są sytuacjami granicznymi wywoływanymi moim działaniem; są one aktywnie tworzone przeze mnie. Są zaś sytuacjami granicznymi, bo nie mogę istnieć empirycznie nie wywołując ich. [...] Wszystko co żyje, nawet nie zdając sobie z tego sprawy, prowadzi walkę o byt: pasywnie walkę o istnienie empiryczne w pozornym spokoju trwania, aktywnie o wzrost i ekspansję. Walkę tę czynią koniecznością materialne warunki bytu empirycznego, zawsze ograniczone w porównaniu z możliwością rozszerzania życia[3].

Historycznie rzecz biorąc muzyka, w przeciwieństwie do literatury, zaczyna mówić walkę stosunkowo późno, bo dopiero w XVI wieku: we francuskiej *chanson*, później we włoskim madrygale. W ciągu trzech następnych wieków swego intensywnego rozwoju muzyka wykształca znamienne przejawy — znaki, figury, toposy walki — dźwiękowe odpowiedniki ruchów i odgłosów bitewnych według ówczesnej sztuki prowadzenia wojen i rozgrywania bitew (która to sztuka od wieku XVI aż do połowy XIX zasadniczo się nie zmienia). To jeden sposób mówienia walki muzyką, tyczący wojny rzeczywistej i sztuki wojennej, także sztuki walki wręcz. Muzyka, wyposażona w efekty batalistyczne, mówi

---

[3] K. Jaspers, dz. cyt., s.189.

ilustracyjnie, przedstawiająco. Muzyka kreuje dźwiękowe obrazy walk, nie tylko tych panoramicznie zakrojonych z teatru wojny, ale i tych w wymiarze osobistym: starć oko w oko, pojedynków, jak Komandora z Don Giovannim na wstępie opery Mozarta, czy Leńskiego z Onieginem z opery Czajkowskiego. Prawzorem zaś (wokalnym) dla późniejszych dźwiękowych obrazów teatru wojny jest owa *chanson* Janequina (z pierwszej połowy XVI w.) zatytułowana *Wojna*, z podtytułem *Bitwa pod Marignan*. Wzorem zaś dla późniejszych obrazów walki w małym i dużym planie będzie, w pierwszej połowie XVII w., arcydzieło Monteverdiego (z VIII Księgi jego madrygałów) *Combattimento di Tancredi e Clorinda* (z tekstem z *Jerozolimy wyzwolonej* Tassa). Z tego to utworu wywodzi się późniejsza batalistyczna poetyka muzyki tycząca różnych aspektów teatru walki i wojny; w nim też, prekursorsko i profetycznie, zawarta jest w zalążku koncepcja formy dynamiczno-ewolucyjnej, panująca w muzyce doby nowożytnej.

W dziejach muzyki programowej wśród licznych wątków i tematów istnieje także ten batalistyczny, przewijający się przez jej historię — od Janequina i Monteverdiego, po *VII Symfonię „Leningradzką"* Szostakowicza. Jednakże wśród utworów (lub ich fragmentów) z nazwy batalistycznych nie znajdujemy raczej, poza nielicznymi wyjątkami, dzieł wybitnych. Muzyka z tytułu batalistyczna w XVII w., po Monteverdim, konwencjonalizuje się i mówić będzie walkę czy opisywać wojnę (głównie w operze) stereotypowo, za pomocą schematycznych efektów, jak koński galop, odgłosy ciosów, znaki ucieczki i pościgu, motywy klęski czy zwycięstwa. Nie lepiej też z poziomem artystycznym „batalistyki" muzycznej w XVIII i XIX w., w medium orkiestry, na gruncie bogactwa środków klasycznego i romantycznego symfonizmu. Tutaj programowe, określone tytułami obrazy wojny autorstwa wielkich symfoników — *Zwycięstwo Wellingtona* Beethovena, *Bitwa Hunnów* Liszta, *Rok 1812* Czajkowskiego — okazują się najsłabszymi pozycjami w ich dorobku. Jedynie w dramatach Wagnera (*Walkiria, Zygfryd, Zmierzch bogów*) obrazy walk, uwarunkowane dramaturgią akcji, osiągają poziom muzycznych arcydzieł.

A przecież walka, jako graniczna sytuacja egzystencjalna, jest stałym źródłem inspiracji kompozytorów muzyki czasów nowożytnych. Tylko że prawdziwie artystycznych owoców tej inspiracji szukać trzeba nie w muzyce zdeklarowanie programowej, opatrzonej „batalistycznymi" tytułami, lecz głębiej — w substancji dźwiękowej, w sposobach jej wewnętrznego poruszenia i kształtowania, tam gdzie mamy do czynienia z muzyką samą, bez pośrednictwa słownych komentarzy, w otwarciu na jej sugestywną wymowność, zdani na własną intuicję, domyślność i wyobraźnię. Tu dopiero muzyka mówi nam istotę walki, przedstawiając jej wewnętrzną dramaturgię. Ta zaś mowa zdaje się wynikać wprost z natury muzyki, jako sztuki zakomponowywania dynamicznego ruchu dźwięków. Na tym także polega doniosłość największego przełomu w dziejach muzyki Zachodu — znaczonego symboliczną datą 1600 — że odkrywano wówczas na nowo dwa silne impulsy formotwórcze — m i ł o ś ć i w a l k ę, które zmienić miały radykalnie charakter muzyki i całą jej koncepcję. Z działania tych impulsów — źródeł inspiracji — rozwinęła się forma dynamiczno-ewolucyjna nasycona intensywnym liryzmem, z prymatem ruchu, opierająca się na tonalnych napięciach harmoniki. Odtąd (głównie za sprawą geniuszu Monteverdiego) naczelne cechy walki: kontrast, starcie, konflikt, cios, wybuch — należeć będą do atrybutów wyrazowo-symbolicznego języka muzyki. Rzec można: muzyka wchłania w siebie dynamiczne poczucie świata, rzeczywistości stającej się poprzez walkę — w starciu, konflikcie, konfrontacji. Jest w muzyce nowożytnej jakby „popęd walki", stale działający i szukający stosownych dla siebie środków wyrazu, trzymany wszakże w ryzach konwencji stylistycznych XVII i XVIII wieku. W epoce romantyzmu zaś, kiedy forma klasyczna się rozluźnia, konwencje stylistyczne zanikają, a przed muzyką otwiera się niezmierzona w bogactwie środków przestrzeń symfonizmu, wyzwolony popęd walki działa już bez żadnych zda się ograniczeń, dążąc do niespotykanych jeszcze w dziejach muzyki kulminacji.

I tak z końcem romantycznego stulecia (1893) powstaje arcydzieło — *Symfonia „Patetyczna"* Czajkowskiego — w którym urzeczywistnienie idei walki (egzystencjalnej i metafizycznej), Heraklitejskiej „wojny, która jest ojcem wszystkich" — osiąga (w przetworzeniu pierwszej części) romantyczne apogeum intensywności ekspresji, siły formy.

To zwłaszcza dzieło będzie też źródłem inspiracji dla symfonicznego geniuszu Mahlera, który w swoich symfoniach niebywale rozwinie, jak nikt przed nim ani po nim, gorącą symbolikę walki, prowadzonej na różnych poziomach, w rozmaitych zakresach, na różnych polach…

A oto druga z wyróżnionych tu „sytuacji granicznych": c i e r p i e n i e. Pisze Karl Jaspers:

> Nieprzebrany jest zastęp cierpień, które w wielu sytuacjach wysuwają się na plan pierwszy, w innych znów można nad nimi przejść do porządku dziennego, nigdy jednak nie da się ich zignorować. Choroby stawiające pod znakiem zapytania nie tylko życie, lecz powodujące, że człowiek żyje poniżej możliwości swej własnej istoty — bezradne, osłabłe wysiłki, załamujące się w woli pokonania trudności i nieuniknienie pozwalające ujawnić się zniekształconemu obliczu mojej istoty zamiast oblicza prawdziwego; zapadnięcie na chorobę psychiczną, świadomość tego

> i poddanie się stanowi, w którym nie bardzo już jesteśmy zdolni cokolwiek przeżywać; utrata własnej osobowości, mimo że nie rozstaliśmy się z życiem; starość zaatakowana chorobami, wyschnięta i zmarniała; niszcząca nas przemoc drugiego i wszelkie postaci niewolnictwa jako skutki przemocy innych nad nami; konieczność głodowania. Cierpienie jest ograniczeniem i częściowym zniszczeniem bytu empirycznego; śmierć kryje się poza każdym cierpieniem. Największe różnice istnieją oczywiście w rodzaju cierpienia i w rozmiarze powstałej udręki. W końcu jednak wszystkich może ugodzić to samo i każdy musi dźwigać swoją część, nikomu nie jest to oszczędzone[4].

Sytuacja egzystencjalna cierpienia — i jego pochodnych: bólu, rozpaczy — zdaje się najtrudniejsza do wyrażenia i przedstawienia w sztuce. Najtrudniejsza, bo stan cierpienia, w jaki człowiek nieuchronnie popada, jest sprzeczny z estetycznością jako atrybutem sztuki — w naszym dzisiejszym jej pojmowaniu. (Grecy rozwiązywali te trudność poprzez sformułowaną przez Arystotelesa koncepcję *katharsis*.) Niemniej sytuacja graniczna cierpienia jest przedstawiana, opisywana, wyrażana, od wieków i tysiącleci, w literaturze wszystkich kultur: od najstarszych eposów Babilonu i Indii, poprzez *Iliadę* i *Odyseję*, księgi biblijne, tragedię grecką, rzymską *Eneidę*, eposy średniowiecza, *Boską Komedię* Dantego, poezję i prozę nowożytną, nieprzerwanie aż do naszych czasów. A w malarstwie religijnym i rzeźbie późnego średniowiecza topos cierpienia wprost kulminuje, zadomowiony odtąd w sztukach plastycznych na stałe...

Muzyka zaś poczyna mówić cierpienie i wyrażać je substancją dźwiękową dopiero z początkiem XVII stulecia,

---

[4] K. Jaspers, dz. cyt., s. 212.

właściwym sobie językiem retoryczno-afektywnych figur; mową dźwięków rozwijaną i ekspresyjnie różnicowaną zwłaszcza w madrygałach i dramatach muzycznych — u Gesualda da Venosy i nade wszystko u Monteverdiego. Muzyka w tym czasie staje się na cierpienie, ból, rozpacz szczególnie wyczulona. Wykształca też w sobie przejęte z retoryki figury dźwiękowe i odpowiednie sposoby narracji, aby te mroczne stany ludzkiej egzystencji sugestywnie wyrazić. Ból — przede wszystkim miłosny — wyraża w narracji niespokojnej, zaskakującej, eksplozywnej, zmiennej — jak w madrygale Gesualda *Moro lasso*; czy w formie muzycznego *lamento* — u Monteverdiego.

Preromantyczna (bo i tak ja można nazwać) muzyka baroku, której retoryczno-ekspresyjna mowa dźwięków osiągnie swoje apogeum u Bacha — ma dwa główne ogniska ekspresji cierpienia: świeckie, skoncentrowane na bólu miłosnym i religijne, którego sednem jest Męka i Śmierć Chrystusa, przedstawiona przede wszystkim w formie *Pasji*. I tu, i tam — w sferze *profanum* i w sferze *sacrum* — przejawia się dialektyczna natura muzyki, odróżniająca ją od innych sztuk: im mocniej i głębiej chce ona mroczną prawdę cierpienia wyrazić, tym bardziej zdaje się ją zapośredniczać i rozjaśniać własnym pięknem — czułością melodii, bezsłowną refleksyjnością. Znamienne jest to zwłaszcza dla kompozycji pasyjnych baroku, a przykładem — z rzędu najwspanialszych — aria *Es ist vollbracht* z *Pasji Janowej* Bacha.

Czułość na cierpienie muzyki baroku przerodzi się u kompozytorów romantycznych w swoiste rozmiłowanie w cierpieniu. Wyzwolona z konwencji stylistycznych muzyka XIX wieku rozwija i wzbogaca również „mowę cierpienia", osiągając i tutaj intensywność ekspresji dotychczas niespotykaną. W utworach Schuberta, Wagnera, Verdiego, Czajkowskiego, Mahlera ekspresja sytuacji cierpienia osiąga apogeum intensywności, zróżnicowania i — subtelności. Jest to ból egzystencjalny sięgający rdzenia ludzkiego bycia; sublimowane w dźwiękach cierpienia duszy i ciała, warunkowane egzystencjalnym tragizmem; wynikające zaś ze skrajnie dramatycznych sytuacji, o których mówią słowa z muzyką sprzężone: pieśni, opery, dramatu muzycznego...

Jeżeli w skonwencjonalizowanej mowie dźwięków baroku były dwa ogniska ekspresji cierpienia — ludzkie i boskie — to teraz, w romantyzmie, religijny aspekt cierpienia schodzi na dalszy plan (pojawia się, co znamienne, u Liszta i Wagnera), a w centrum jest cierpienie czysto ludzkie, ból konkretnego człowieka, jego cierpiące „ja", będące wszak tylko jednostkowym wcieleniem „Ja transcendentalnego". Ono zaś — jak udowadnia inspirowany koncepcjami buddyzmu Schopenhauer — z konieczności partycypować musi w kosmiczno-ludzkiej powszechności cierpienia; albowiem ból, według nauki Buddy, jest atrybutem wszelkiego istnienia.

To przeświadczenie — tkwiące u podstaw Schopenhauerowskiej koncepcji tłumaczenia świata „jako woli i przedstawienia" — zdają się również podzielać kompozytorzy romantyczni, ci zwłaszcza, którzy ból istnienia najbardziej sugestywnie potrafią wyrazić. Nawiedzające ich muzykę cierpienie — jakiekolwiek byłyby jego przyczyny i postacie — ma wymiar metafizyczny. Znaczy to, że muzyka sama cierpienie swoiście transcenduje, znosi graniczność sytuacji cierpienia. Powiedzieć można też, iż muzyka, właściwym sobie pięknem romantycznym i doskonałością formy, uwzniośla i uszlachetnia cierpienie — nawet w jego skrajnie dramatycznych i tragicznych przejawach — mocą swej muzyczności przemienia je, przydaje mu wyższy artystyczny sens. Tak jest na przykład w późnych, najbardziej w nastroju posępnych arcydziełach pieśniowych Schuberta; w pieśni *Sobowtór* do słów Heinego, gdzie egzystencjalny ból miłości utraconej osiąga apogeum ekspresji — w klasycznie ścisłej formie barokowej chaconny:

Cicha jest noc, ulica odpoczywa,
W tym domu luba moja mieszkała,
Od dawna w mieście już nie przebywa
A dom wciąż stoi od lat bez mała.
Tam stoi też ktoś, wzrok wzniósł, bacznie patrzy,
Olejąc, ręce swe załamuje;
O zgrozo, gdy przyglądam się twarzy:
Wszak mnie samego księżyc ukazuje!
Ty sobowtórze! towarzyszu blady!
Czemu małpujesz me udręki,
Tak wielu dawnych nocy ślady
Tu przeżywanej miłosnej męki.

(tłum. Krystyna Jackowska-Pociejowa)

Podobnie u drugiego z muzycznych mistrzów romantycznej ekspresji cierpienia, Wagnera, na którego Schopenhauer wywarł wpływ przemożny, a który w swoich dramatach tę mroczną sferę egzystencji różnicuje i rozszerza: cierpienie duszy i ciała zdaje się wręcz nicią przewodnią losu czołowych postaci jego dramatów: Tristana osamotnionego na pustym morskim wybrzeżu; Amfortasa i Parsifala, z których każdy na swój sposób doznaje cierpienia w aspekcie religijnym, na ostrzu odwiecznego konfliktu między miłością „ziemską", zmysłową, a „niebiańską", duchową.

W *Kindertotenlieder* Mahlera, cyklu inspirowanym wierszami romantycznego poety Rückerta, wyobrażony ból po stracie ukochanych dzieci sublimuje się w kształty pieśniowego arcydzieła, z rzędu największych w dziejach muzyki (obok pieśni Schuberta).

PIEŚŃ TRZECIA

Gdy mateczka twa przystaje we drzwiach,
ja głowę odwracam i do niej się zwracam,
lecz nie patrzę, nie, najpierw na twarz jej,
ale trochę niżej, progu nieco bliżej,
gdzie zjawić się ma słodka buzia twa,
gdy promienna wchodzisz z matką swoją wraz,
jak ongi, moja córeczko.

Gdy mateczka twa przystaje we drzwiach,
ze świecą rozbłysłą, zda mi się, żeś przyszła,
jak zawsze z nią i skradasz się od drzwi,
za nią do pokoju!
O ty, ojca skarbie,
ach, zbyt wcześnie zgasły promyku radości!

(tłum. Krystyna Jackowska-Pociejowa)

Znamienne, że zarówno Schubert, jak i Mahler, w swych doświadczeniach kompozytorskich ekspresji bólu sublimowanego w dźwiękach, kształtując muzykę nawiązują do Bacha. Największy kompozytor w dziejach kultury Zachodu okazuje się również patronem doświadczenia egzystencjalnego w muzyce! Pisze Karl Jaspers:

> Jako istota zatopiona w życiu dążę do jakichś celów, zabiegam o trwałość i ciągłość wszystkiego, co ma dla mnie wartość. Cierpię, kiedy zrealizowane dobro zostało zniszczone, kiedy ukochana istota umarła; muszę doświadczyć końca; żyję jednak i póki żyję, zapominam o nieuniknionym kresie wszystkiego. Natomiast egzystując mam pewność dzięki świadomości historycznej mego istnienia empirycznego jako zjawiska zachodzącego w czasie, że jest to

> zjawisko, ale zjawisko możliwej egzystencji, przeto doświadczenie końca wszystkich rzeczy dotyczy tej przejawowej strony egzystencji. Cierpienie nad kresem staje się potwierdzeniem egzystencji[5].

Człowiek romantyzmu w swoich lękach, obawach, wyobrażeniach, obsesjach wielokrotnie za swego życia doświadcza śmierci i ją przeżywa: artystycznie, estetycznie — literacko, poetycko, dramatycznie, teatralnie, malarsko i muzycznie, w samotniczym skupieniu i wespół z innymi. A skala tych przeżyć i wizji śmierci jest bardzo szeroka. Pod tym względem człowieka romantycznego przyrównać można chyba do człowieka „jesieni średniowiecza". Szczególnie śmierć objawia mu się w trzech aspektach: lęku i grozy, żalu i rozpaczy, wielkości i wzniosłości. Te trzy swoje oblicza odsłania śmierć człowiekowi romantycznemu przede wszystkim. Oblicze czwarte, mistycznego pojednania, dane jest nielicznym wybranym: poetom — jak Hölderlin i Słowacki, malarzom — jak Friedrich, kompozytorom — jak Bruckner i Mahler. Smutek, żal, rozpacz, lęk, groza, wzniosły patos i religijne pocieszenie. Człowiek-artysta romantyczny, tak mocno śmierć przeżywający i tak bardzo jej świadomy, w sztuce pragnie znaleźć odpowiednio silny, przejmujący, wstrząsający jej wyraz; chce uzyskać artystyczną ekspresję śmierci, szuka właściwych środków, efektów...

Człowiek romantyczny odczuwa i uświadamia sobie śmierć przede wszystkim jako fakt egzystencjalny. Tę wyostrzoną świadomość śmierci mają wielcy pisarze, poeci i prozaicy XIX wieku — twórcy i spadkobiercy romantyzmu; i dają temu wyraz w swojej twórczości: Hoffmann, Słowacki, Baudelaire, Poe, Tołstoj, Dostojewski...

---

[5] K. Jaspers, dz. cyt., s. 198–199.

X. UCZUCIA METAFIZYCZNE, MISTYCZNE DOZNANIA

Nicią przewodnią tych szkiców jest filozofia, tak jak ją — egzystencjalistycznie i nie po akademicku — pojmowali Witkacy, Gombrowicz, Jaspers, Heidegger…

> Filozofia według Heideggera — pisze jego komentator Wawrzyniec Rymkiewicz — nie jest wcale dziedziną zarezerwowaną dla zawodowych filozofów. Jeżeli człowiek jest w sposób ontologiczny i, będąc, zawsze coś już wie o byciu i do bycia jakoś się odnosi, to pytanie o bycie nie jest pytaniem, którego zakres dałoby się ograniczyć do akademickich zajęć z ontologii. Jest to pytanie, na które każdy człowiek ciągle sobie odpowiada[1].

U nas Witkacy ujmował to niegdyś bardziej dosadnie:

> Wypowiem zdanie dość na pozór ryzykowne, że dla mnie człowiek niemający problemów filozoficznych choćby w najbardziej rudymentarnej formie, mało różni się od zwierzęcia.

Karl Jaspers pisał:

> Filozofia niczego nie daje, może tylko rozbudzać — pomaga przypominać, umacniać i strzec. Każdy pojmuje z niej to, co właściwie i tak już wiedział. […] Sensem filozofowa-

[1] W. Rymkiewicz, dz. cyt, s. 81.

> nia jest otwarcie się na całość prawdy — nie na zniwelowaną, abstrakcyjną prawdę w ogóle, lecz na różnorodność jej wielkich urzeczywistnień[2].

W tak pojętej filozofii metafizyka sprzęgnięta z ontologią stanowi jądro, rdzeń, podstawę, sedno.

Kultura dziewiętnastowiecznego romantyzmu sprzyja „egzystencjalnemu" zbliżeniu muzyki i filozofii, zacieśnianiu związków między nimi. Na nowych zasadach, w innej niż w epokach poprzednich duchowej i materialnej sytuacji muzyki. Muzyka uwolniona z konwencji stylów powszechnych wyzwala się do filozofii (tak jak wyzwoliła się do bezpośredniej mowy uczuć), pragnie również — skrycie, czasem jawnie — być dźwiękowym jakby szyfrem odwiecznych fundamentalnych kwestii: bytu i bycia, istoty i istnienia, czasu i przestrzeni, wieczności i nieskończoności...

Tak więc stare tajemne związki między dziedzinami tak pozornie odległymi — bezsłowną muzyką i pojęciową filozofią — odnawiają się. Muzyka odkrywa w sobie nowe możliwości ekspresji metafizycznej. Muzyka staje się potencjalnie metafizyczna. W przestrzeni intelektualnej zaś pierwszej połowy romantycznego stulecia pojawia się coś i dla muzyki ogromnie ważnego, kamień milowy na drodze rozwoju myśli o muzyce: wykład metafizyki muzyki zawarty w I i II tomie głównego dzieła Artura Schopenhauera *Świat jako wola i przedstawienie*. Czytamy tam:

> Muzyka jest zupełnie inna od pozostałych sztuk. Nie odkrywamy w niej żadnego naśladownictwa, żadnego powtórzenia idei jakichś istot na świecie; niemniej jest to sztuka tak wielka, tak niezwykle wspaniała, działa tak silnie na

[2] K. Jaspers, *Wprowadzenie do filozofii*, tłum. Anna Wołkowicz, Wrocław 2000, s. 34.

Honoré Daumier, *Maria Magdalena*

najgłębsze doznania człowieka, zostaje przez duszę tak całkowicie i głęboko zrozumiana jako język zupełnie ogólny, który wyrazistością przewyższa nawet wyrazistość świata naocznego, że musimy na pewno szukać w niej czegoś więcej niż „nieświadomego ćwiczenia arytmetycznego, w którym dusza nie wie, że liczy", jak o niej mówił Leibniz [...] Muzyka jest tak bezpośrednim uprzedmiotowieniem i odbiciem woli w całości, jak sam świat, ba, jak idee; dlatego właśnie oddziaływanie muzyki jest o tyle silniejsze i dociera głębiej niż oddziaływanie innych sztuk: te bowiem mówią tylko o cieniu, ta zaś o istocie[3].

Jak my dzisiaj, blisko dwa wieki po opublikowaniu pierwszego tomu dzieła wielkiego filozofa-samotnika, możemy sobie „wykładać" metafizykę muzyki? Pojmując (za Heideggerem) samą metafizykę „jako pytanie wykraczające poza byt, o który zapytuje, aby następnie ów byt — jako taki i w całości — przywrócić pojmowaniu", czy możemy powiedzieć, że metafizyka muzyki pyta (a będzie to pytanie kluczowe!) o miejsce muzyki w strukturze bytu, w świecie, w naszej ludzkiej egzystencji, w naszej świadomości? Pytanie takie sięga bowiem poprzez zjawisko do istoty muzyki. Istota muzyki zaś związana jest z myślą, z koncepcją. Można wprost powiedzieć — upraszczając, acz zgodnie z prawdą — że istotą muzyki jest myśl konkretyzowana w dźwiękach i przejawiana w dźwiękowej formie. Zrozumieć naprawdę muzykę i pojąć jej sens można tylko odwołując się do jej koncepcji (którą winna się zajmować filozofia muzyki!), czyli myślowego podłoża ugruntowanego w poczuciu rzeczywistości i ogólnym obrazie świata.

Metafizyka, umieszczając w polu swej refleksji muzykę, czyniąc ją obiektem swoich rozważań i analiz, docieka głę-

---

[3] A. Schopenhauer, *Świat jako wola i przedstawienie*, tłum. Jan Garewicz, t. I, Biblioteka Klasyków Filozofii, Warszawa 1994, s. 395nn.

bokiego sensu muzyki jako muzyki, wspólnego wszystkim czasom, epokom, miejscom, gdzie muzykę się uprawiało i uprawia. Metafizyka docieka sedna wartości, „ciężaru aksjologicznego" muzyki; poszukuje czegoś wspólnego dla wszystkich, którzy uprawianie muzyki traktują jako sprawę istotną, ponad doraźną tylko przyjemnością. To coś — sedno metafizyczne muzyki i muzyczności, w kulturach wysokich uświadamiane i werbalizowane, w kulturach pierwotnych instynktowne i intuicyjne; to coś w naszym kręgu kulturowym zakorzenione w greckim świato-obrazie i greckiej metafizyce — najpełniej wyeksplikowane zostało niegdyś w intelektualizmie średniowiecza: muzyczność jako zasada świata, *harmonia mundi*, *harmonia universalis*; muzyka, dzięki której świat istnieje, spójny w swoim ruchu, bo oparty na liczbowym podłożu. Muzyka wynikająca z matematyki, osadzona w liczbie. Muzyka w Bycie, w nas, ludziach, w świecie. Jeżeli istniejemy prawdziwie, w pełni duchowości, to dzieje się tak głównie dzięki muzycznej zasadzie naszej egzystencji. Muzyka jest w nas i my jesteśmy w niej.

Pamiętając tedy o średniowiecznych korzeniach, metafizykę muzyki można dziś rozwijać wokół pojęcia b y c i a w m u z y c e. Poprzez daną koncepcję muzyki docieramy do sedna myślenia — o muzyce, w muzyce, na temat muzyki; chcemy uchwycić i określić myśl: tę, która muzykę porusza, wyprowadza z potencjalności do aktualizacji w utworze muzycznym; tę, muzyce immanentną, która materię muzyczną organizuje w formę; tę, wobec muzyki transcendentną, która muzykę ujmuje w pojęciach określających muzyki sens, miejsce, role, funkcje, wartości; zasady, reguły, prawa, według których muzyka ma być komponowana.

W przywołaniu intelektualizmu średniowiecza sięgamy do żywych źródeł, intensywnych ognisk, żyznych pokładów myśli muzycznej. Chwytamy myśl jako jądro metafizyki muzyki; chwytamy myśl muzyczną w jej metafizycznym rdzeniu. W takim ujęciu związek między metafizyką, jako filozofią bytu i istnienia, a muzyką, jako sztuką wyrastającą z wiedzy i ugruntowaną w nauce, jest oczywisty.

A oto drugi, nowożytny i równie żywotny dla nas „model" metafizyki muzyki. Zajmuje się ona sekretną — symboliczną — „mową" muzyki tyczącą bytu, istnienia, bycia, egzystencji. Ta „mowa", rozwijana od wieku XVII po wiek XX, ma dwie zasadnicze strony, pozytywną i negatywną. Z jednej strony bowiem tyczy tego, co można określić w pojęciach i wyrazić w słowach — tajników Bytu rozjaśnianych światłem rozumu; z drugiej zaś dotyka tego, co się w słowach wypowiedzieć nie da: głębi i skrytości Bytu, Tajemnicy.

Metafizyka muzyki bada więc ów sekretny język zaszyfrowany w dźwiękowych strukturach, stara się owe szyfry odczytywać. Byt w aspekcie naszych władz poznawczych i zdolności pojmowania, byt jako przedmiot metafizyki jawi się dwustronnie, w dwojakim świetle, w dwu sferach: w sferze dookreślających pojęć intelektu i w sferze bezsłownych intuicji. W pierwszej sferze krystalizują się pojęcia, dojrzewają systemy. W sferze drugiej pojęcia i systemy, sięgając granic komunikatywności powracają do swych źródeł, zawracają ku niewyrażalnemu.

Muzyka — tknięta na przełomie wieków XVI i XVII metafizycznym niepokojem, później rozwijająca swój język znaczeń, symboli i sugestii metafizycznych — wyraża dwa aspekty, w jakich Byt nam się jawi: „pozytywnego" intelektu i „negatywnej" intuicji. Apogeum zaś tego wyrażania przypada na wiek XIX, epokę muzycznego romantyzmu.

Zauważmy, że język muzyczny metafizyki „pozytywnej" jest tu znacznie starszy niż język metafizyki „negatywnej".

Język ten, wykształcony już w polifonii późnego średniowiecza i renesansu, swoje apogeum ma w twórczości Bacha (sztuka fugi!). W ciągu pięciu blisko wieków muzyka swoją dźwiękową substancją mówi pozytywne, czyli pojęciowo określone cechy Bytu: spójność, integralność, komplementarność, jedność w wielości i wielość w jedności, ruch i stawanie się, stałość i zmienność, przyczynowość, równoległość/równoczesność procesów i zdarzeń... Struktura muzyki jest tedy dźwiękową (symboliczną) ideacją struktury bytu i świata: muzyka przedstawia tę strukturę swoim dźwiękowo-substancjalnym językiem. W języku tym — którym posługuje się jeszcze największy w dziejach muzyki geniusz syntezy, Bach, doprowadzając go do pełni bogactwa znaczeń — poczesne miejsce zajmuje dźwiękowo-symboliczna teologia: chorałów, kantat, pasji, mszy.

Mowa muzyczna metafizyki „negatywnej" wykształca się dopiero w wieku XIX, w polu wyobraźni romantycznej szczególnie czułej na ekspresję Tajemnicy: Bytu, Absolutu, Boga. Wielka intuicja Kanta o radykalnej niepoznawalności „rzeczy samych w sobie" wnika w romantyczną świadomość; poczucie Tajemnicy zakreśla horyzont poznania i w sposób istotny wpływa na twórczość artystyczną; w malarstwie i muzyce rozwija się nowa ważna sfera: symbolika tajemnicy Bytu. Geniusz Caspara Davida Friedricha zaszczepia sztuce malarskiej pierwiastek romantycznie pojętej metafizyki, otwiera w sposób nowy malarstwo na rzeczywistość duchową, ponadmaterialną, niewyobrażalną. Czas jego twórczości zbiega się z czasem Schuberta, pierwszego geniusza metafizyki muzycznej romantyzmu.

Już w pierwszej fazie rozkwitu muzycznego romantyzmu — w ostatnich sonatach, kwartetach, *Missa solemnis* Beethovena, w późnych utworach Schuberta — sublimowana w dźwiękach metafizyczność skłania się do mistyki. Mistyki jako krańcowego stadium muzycznej metafizyczności. Dla muzyki romantycznej — od Beethovena po Mahlera — znamienne są więc również pewne (nieczęste zresztą) dotknięcia, prześwity, rozbłyski, olśnienia mistyczne, dźwiękowe znaki i symbole mistycznego wtajemniczenia. Tym bardziej uderzające, że twórczość *de nomine* religijna nie jest najmocniejszą stroną muzyki XIX wieku, mało znajdujemy tu arcydzieł (*Missa solemnis* Beethovena, *Msze* Schuberta i Brucknera, *Requiem* i *Via crucis* Liszta, *Requiem* Verdiego, *Niemieckie Requiem* Brahmsa, *Requiem* i *Stabat Mater* Dworzaka...).

Można to jeszcze ująć tak: metafizyczna mowa dźwięków otwiera muzykę na mistykę, prowadzi ją do wtajemniczenia mistycznego. Akt mistyczny w swej mocy, intensywności i głębi może być wyrażony także muzyką. Jak jednak muzyka swoją mową uczuć ma sprostać mocy doznania ekstatycznego mistyki? Jak ma przedstawić/wyrazić unię wewnętrznego z zewnętrznym, introwertyzmu z ekstrawertyzmem, immanencji z transcendencją?

Może to czynić dwoma zasadniczo sposobami: ascetycznym skupieniem i wyciszeniem — jak w *Via crucis* Liszta. Albo przeciwnie: w jaskrawym świetle, ekstensywnej pełni blasku — w *Adagio* z *IX Symfonii* Brucknera.

Wracając do naszego głównego tematu spytajmy teraz, jakie mamy podstawy, racje dostateczne, aby przypisywać muzyce romantycznej wzbudzanie „uczuć metafizycznych", tak jak je niegdyś pojmował Witkacy, pisząc:

> Należy odróżnić zadowolenie estetyczne czysto zmysłowe, dające się sprowadzić do przyjemności powierzchownej, jaką nam może dać równie dobrze zaspokojony głód lub pragnienie, od tego głębokiego zadowolenia estetycznego,

które daje nam poczucie jedności w wielości jako takiej, pobudzając w nas uczucie metafizyczne[4].

Lub też, mówiąc inaczej, czy muzyka w XIX wieku powstająca, w swoich szczytowych artystycznie przejawach uczucia, myśli i formy, może zawierać w sobie „metafizyczne jakości", w rozumieniu Ingardena, który takie jakości wyróżnia w strukturze dzieła literackiego?

Przy ich ujrzeniu odsłaniają się nam głębie i praźródła bytu, na które zwykle jesteśmy ślepi i których istnienie w codziennym życiu zaledwie przeczuwamy. W ich ujrzeniu i realizacji, w obcowaniu z nimi sami zstępujemy w praźródła bytu. Albowiem pokazuje się nam w nich nie tylko to, co w innych warunkach jest dla nas zakryte i tajemnicze, a w nich dopiero staje się jawne i widome, lecz one same są tym, co leży u źródeł bytu i stanowi jedną z jego postaci. W pełni mogą się nam one jednak tylko wtedy objawić, jeżeli stają się rzeczywistością. [...] W szczególności sztuka może nam dać jakby w miniaturze i tylko w dalekim odblasku to, czego nie możemy, ściśle biorąc, osiągnąć w codziennym realnym życiu: spokojną kontemplację jakości metafizycznych[5].

Pojawiają się dalsze pytania. Czy i o ile zasadne będzie mówienie o „metafizycznej perspektywie", jaka otwiera się przed romantycznym kompozytorem w XIX wieku? Bądź też o „metafizycznych horyzontach", jakie się przed nim, kompozytorem, odsłaniają?

Na to wszystko możemy odpowiedzieć tylko w jeden sposób. Podejmując temat „metafizyki" i „mistyki" muzyki

[4] Witkacy, *Nowe formy w malarstwie i inne pisma estetyczne*, Warszawa 1959, s. 20.

[5] R. Ingarden, *O dziele literackim*, tłum. z niem. Maria Turowicz, Warszawa 1960, s. 368nn.

wchodzimy — świadomie i z wyboru! — w sferę domysłów, domniemań, przypuszczeń, hipotez; jakże jednak fascynujących, ileż dających do myślenia tym, dla których filozofia, literatura i muzyka są równie bliskie i umiłowane!

Jak muzyka „mówi" metafizykę i metafizyczność? Jakimi sposobami może ona wzbudzać „metafizyczne uczucia?" Jak mogą się w niej przejawiać „metafizyczne jakości"?

Przejawiać się one mogą w różny sposób, angażując muzykę totalnie: jej substancję i akcydensy, jej elementy, formę, ekspresję. Metafizyczność przejawić się też może w jakimś jednym elemencie — melodii, harmonii, polifonii, kolorystyce — szczególnie eksponowanym. Bądź też we współgraniu czy swoistej opozycyjności elementów.

Jakości metafizyczne ujawniają się zwłaszcza w tym, co istotnie konstytuuje formę utworu muzycznego, a sygnowane jest kluczowymi hasłami: czas, przestrzeń, ruch.

Przyjrzyjmy się temu bliżej. Pamiętając wszakże o tym, że romantyczne przejawy metafizyczności muzyki mają swoje precedensy i odniesienia, swoje źródła i zakorzenienia w tej wielkiej epoce, która romantyzm poprzedza, a zwana jest, niezbyt ściśle, epoką muzycznego baroku. Źródłem zaś dla nas najważniejszym będzie tutaj muzyka Bacha, który też może być nazwany pierwszym wielkim — może w ogóle największym? — metafizykiem muzyki!

C z a s jest dla muzycznej metafizyczności kategorią naczelną — w swoich dwóch biegunowych stadiach, dwóch skrajnie różnych sposobach organizacji: maksymalnym, potencjalnie nieskończonościowym wydłużaniu i równie maksymalnej kondensacji.

Pierwszy modus znamienny jest dla romantycznego adagia, które stanowi sedno przejawów metafizyczności. Skłonność do takich miejsc adagiowych, w których energia życia się wycisza, a muzyka sugeruje refleksję, namysł nad istotą czasu jako zasadniczym wymiarem naszej egzystencji; potrzeba głęboka „adagiowości" właściwa jest wielkim twórcom muzyki romantycznej, od Beethovena, po Mahlera. Nie wszyscy oni są „metafizykami muzyki" w tym stopniu, co Beethoven, Schubert, Bruckner, Mahler. Ale w „metafizyczności" mniej lub bardziej partycypują: poprzez czas adagia, którego nasycone „jakościami metafizycznymi" przejawy mamy w późnych *Sonatach* i *Kwartetach* Beethovena, *Adagiach* z symfonii Brucknera i Mahlera. Zakorzenienie w Bachu, odniesienie do adagiów z jego *Suit, Partit, Sonat*, jest tu oczywiste.

Drugi sposób organizacji czasu — modus aforystycznej zwięzłości — charakterystyczny jest dla romantycznej miniatury. I w niej, choć niezbyt często, zdarzają się przebłyski metafizyczności, jak w *Preludiach* (*h*, *e*, *E*) Chopina. Precedensów upatrywać można znowu w muzycznej „teologii" krótkich chorałów Bacha z *Orgelbüchlein*.

Z organizacją czasu związane jest „zagospodarowywanie" muzycznej p r z e s t r z e n i. Przestrzenność jest funkcją czasu. Czas implikuje przestrzeń; z czasu przestrzenność wynika, określona przez zasadnicze elementy utworu: harmonię, polifonię, kolorystykę. W strukturze utworu przestrzeń uwieloznacznia, komplikuje czas. Im bardziej utwór wewnętrznie złożony — harmonicznie, polifonicznie, kolorystycznie — tym mniej podległy jednokierunkowemu upływowi czasu. W takim utworze czas, można by rzec, nie tyle płynie, ile kołuje, nawraca, rozszczepia się, zgęszcza, rozrzedza; chciałoby się mówić — metaforycznie — o „kole" czy „spirali" czasu, o przestrzeni pulsującej czasem, o dźwiękowej czasoprzestrzeni wypełnianej równoległymi zdarzeniami i procesami. Tak wygląda to na przykład w partyturze *IX Symfonii* największego z mistrzów romantycznego symfonizmu, Mahlera. (Tu nasuwa się paralela tyleż zaskakująca, co uzasadniona: między tamtym apogeum sztuki europejskiej polifonii substancjalnej, jakie mamy w twórczości Bacha, a tym apogeum polifonii orkiestrowej (symfonicznej, polikolorystycznej), jakie urzeczywistnia się w twórczości Mahlera. Na szczytach sztuki polifonicznego kształtowania ci dwaj geniusze się spotykają!) Jakości metafizyczne mogą się przejawiać w intensywnym, spotęgowanym, potencjalnie nieskończonym ruchu, w dążeniu wynikającym z romantycznej tęsknoty ku dali, w dążności, której źródłem jest pragnienie transcendencji: wola przekraczania naturalnych granic, głód ekstatyczności egzystencjalnej. Zgodnie z romantycznym świato-odczuciem jest to ruch dialektyczny, w sobie rozdwojony: manifestuje się w nim wzmożone poczucie wolności twórczej, a jednocześnie przejawia zdeterminowanie, swoisty fatalizm. Przykłady takiego poruszenia muzyki tkniętej metafizycznym niepokojem znajdujemy u Schuberta (*Erlkönig*), Chopina (finał *Sonaty b-moll*), Wagnera (wstęp do II aktu *Parsifala*), Mahlera (*II Symfonia*, część 3). To poruszenie muzyki wyrasta z podobnych uczuć metafizycznych, co romantyczne adagio, stanowiąc zarazem jego przeciwieństwo. Ważna jest relacja owego poruszenia do „siły ciężkości". Dialektyka zaś tego ruchu o zmiennej szybkości — romantycznej dynamiki formy — w tym się również przejawia, że pragnie on jakby oparcia w czymś stałym, w istocie niezmiennym, dąży do punktu oparcia (w systemie harmonicznym dur-moll symbolizowanym przez tonikę), a jednocześnie oddala ów punkt od siebie, pragnąc go, zarazem go unika...

Powiedzieć można, że w muzyce romantycznej to, co stałe — miejsce zakotwiczenia — przywoływane jest na dwa głównie sposoby. Z jednej strony — w uporczywej powtarzalności — romantycznym *ostinato* (Schubert — *Sonata B-dur*, część druga; Chopin — *Preludium Des-dur*, partia środkowa). Trawestując niejako myśl Heideggera, powiedzieć można, iż w takich ostinatowych narracjach muzyki poprzez ruch stawania się prześwituje podstawa — racja dostateczna bycia. Z drugiej strony — jak w *Etiudzie es-moll* op. 10 Chopina, jak we Wstępie do Wagnerowskiego *Tristana* — to, co stałe, ciągle umyka, transformowana w dźwięki muzyczne rzeczywistość jawi się romantykom w potencjalnie nieskończonym ruchu stawania się, z doraźnymi tylko punktami oparcia, chwilami oddechu, momentami (złudnego!) spoczynku…

XI. ŚWIAT I ZAŚWIAT

Muzyka romantyczna w swym powstawaniu powodowana jest dwojaką wolą, pasją, namiętnością. Z jednej strony chce ona nade wszystko wyrażać i przedstawiać świat: rzeczywistość realną, konkretną, w określonym czasie i miejscu; świat ludzi żywych, istot z krwi i kości, ten świat. Z drugiej zaś strony — rzadziej może, sporadycznie, epizodycznie, ale znacząco — pragnie muzyka wyrażać i przedstawiać coś, co język polski zowie starym pięknym wyrazem zaświat: rzeczywistość nadprzyrodzoną, nadnaturalną, nadrealną, nadrzeczywistość, coś, co wszakże nie jest li tylko tworem imaginacji, fantazji, ale, podobnie jak ten świat tutaj, istnieje niezależnie od nas; „świat" po tamtej stronie, rzeczywistość niematerialną, duchową, w istocie niewidzialną, a tylko na tę naszą stronę dającą znaki, sygnały, szyfry, posyłającą zjawy...

Kompozytor XIX wieku — mniemać można — jako twórca romantyczny i człowiek romantyzmu odczuwa i pojmuje rzeczywistość podwójnie, swoiście rozszczepioną: na ten i tamten świat, na świat i zaświat.

W tym świecie, tu i teraz, kompozytor żyje podobnie jak inni ludzie, dzieląc z nimi troskę i radość, zachwyt i rozpacz, miłość i nienawiść, czułość i gniew, rozkosz i ból, szczęście i nieszczęście... Żyje wszakże w pewnym, silnym lub słabszym przeczuciu, domniemaniu tamtego świata, zaświata, świata po tamtej stronie, który, w przeciwieństwie do tego pierwszego świata ludzi i innych stworzeń żywych, świata w swym istnieniu oczywistego (choć co do sposobów istnienia niejednoznacznego), jawi mu się w swym tajemniczym istnieniu-nieistnieniu jako n i e s a m o w i t y.

Spróbujmy więc może i od tej strony wniknąć w odczucia kompozytorów romantycznych; spróbujmy, poprzez ich muzykę, wczuć się w ich (domniemaną) świadomość (i podświadomość?) rozdwojonego świata...

Z utworów bowiem twórców muzyki romantycznej — od Mozarta (genialnego prekursora romantyzmu!) po Mahlera — wywieść się daje szereg miejsc tkniętych i przenikniętych, w różny sposób, zaświatem.

Zaświat rezonujący muzycznie. Tamten świat jako źródło inspiracji muzycznych utworów. Zaświat przedstawiony w dźwiękach, uobecniony w muzyce. Jak to się dokonuje u Mozarta, Webera, Schuberta, Liszta, Wagnera, Verdiego, Czajkowskiego, Musorgskiego, Mahlera (bo to ich muzyka szczególnie bywa tknięta zaświatem)? Jak zaświat może muzykę inspirować, doprowadzać materię dźwiękową do formy?

Mniemać trzeba, iż owe miejsca tknięte zaświatem w twórczości wymienionych kompozytorów poczęły się z osobliwego współgrania: wierzeń pierwotnych („archetypowych"), co drzemią w naszej podświadomości, i wyobraźni poetycko-muzycznej.

Wyraziście źródłowe przykłady takiego współgrania dają nam: Mozart z finałem swojej *dramma giocosa* (*Don Giovanni*) oraz od strony poetyckiej Mickiewicz w swych *Balladach i romansach* (wydanych w roku 1822). Pisze znawca tego gatunku, Robert Petsch:

> W balladzie nie idzie o napięcie, jak w innych małych formach epickich, lecz o wstrząs i nagły zwrot: głównym motywem kształtującym jest „wybuch" tej „inności", czegoś

„wyższego" lub „niższego", owego „trzeciego świata", czy jak to nazwać, tego czegoś, co może wyrwać człowieka z jego warunków historycznych i społecznych, przy czym ujawniają się związki pozaludzkie ze zmarłymi, ze światem duchów, bogów i sił przyrody albo z uosobionym losem. Przeważnie te zjawiska „trzeciego świata" mają upiorną postać jakiegoś jakby wzmożonego albo zdeformowanego człowieczeństwa, wymowne rysy i ruchy, mowę o niezwykłym dźwięku, ludzkie wyobrażenia i żądze osobliwie zniekształcone lub ulotne — słowem coś, co przypomina ludzkie, nasze otoczenie, ale w taki sposób, jak w marzeniu sennym lub w gorączkowych zwidzeniach[1].

Konsekwencją zaś i artystycznym rozwinięciem — udramatyzowaniem i pogłębieniem ideowym — balladowej poetyki będą u Mickiewicza *Dziady*. Nie przypadkiem w momencie kulminacyjnym dramatu części trzeciej, po uderzeniu pioruna, rozbrzmiewać ma — według wskazań poety — właśnie muzyka Mozarta. Po menuecie (z pierwszego finału opery *Don Giovanni*) towarzyszącym „scenie śpiewanej" balu u Senatora, „nagle muzyka się zmienia i gra arią Komandora"...

Co to jest? Co to?
Jaka muzyka ponura!
Jak ciemno, patrz no, jaka zebrała się chmura.

Niech tedy Mozart finałem swojej „wesołej dramy" i Mickiewicz balladą *Romantyczność* — polskim manifestem romantyzmu — patronują temu szkicowi, oferując nam jakby dwa klucze do fascynującej problematyki zaświata muzyką przedstawionego...

---

1 R. Petsch, [...], w: *Niemiecka ballada romantyczna*, oprac. Zofia Ciechanowska, Wrocław 1963, s. IX–X.

Słuchaj dzieweczko!
— Ona nie słucha —
To dzień biały! to miasteczko!
Przy tobie nie ma żywego ducha.
Co tam wkoło siebie chwytasz?
Kogo wołasz, z kim się witasz?
— Ona nie słucha —

To jak martwa opoka
Nie zwróci w stronę oka,
To strzela wkoło oczyma,
To się łzami zaleje;
Coś niby chwyta, coś niby trzyma;
Rozpłacze się i zaśmieje.

Tyżeś to w nocy? — To ty, Jasieńku!
Ach! i po śmierci kocha!
Tutaj, tutaj, pomaleńku,
Czasem usłyszy macocha!

Niech sobie słyszy, już nie ma ciebie!
Już po twoim pogrzebie!
[...]
Śród dnia przyjdź kiedy... To może we śnie?
Nie, nie... trzymam ciebie w ręku.
Gdzie znikasz, gdzie mój Jasieńku?
Jeszcze wcześnie, jeszcze wcześnie!
[...]
Tak się dziewczyna z kochankiem pieści,
Bieży za nim, krzyczy, pada;
Na ten upadek, na głos boleści,
Skupia się ludzi gromada.
Mówcie pacierze — krzyczy prostota —
Tu jego dusza być musi.
Jasio być musi przy swej Karusi,
On ją kochał za żywota!

I ja to słyszę, i ja tak wierzę,
Płaczę i mówię pacierze[2].

Pierwszą uderzającą cechą zaświata rezonującego w świadomości romantyków i pobudzającego ich wyobraźnię jest n i e s a m o w i t o ś ć. Zaświat wznieca lęk zgoła pierwotny, trwogę „egzystencjalną", dreszcz strachu, który każdy z nas chyba odczuwał wobec zjawisk zwanych „nadprzyrodzonymi". Aby tę cechę sugestywnie wyrazić, kompozytor romantyczny sięga po odpowiednie środki — idiomy swojej mowy dźwięków: melodyczne, harmoniczne, kolorystyczne, fakturalne. Te środki — ekscytujące przejawy niesamowitości: zaskakujące kontrasty ruchu i brzmienia, ostre dysonanse, barwy jaskrawo-ciemne, niespodziewane modulacje i cięcia tonalne — środki proste jeszcze (ale jakże celne!) u Mozarta, w miarę rozwoju języka dźwiękowego muzyki XIX wieku komplikują się i bogacą, jak to słyszymy (i widzimy!): u Webera — w scenie przywoływania złego ducha (Samiela) w Wilczym Jarze z opery *Wolny strzelec;* u Berlioza — w jego operze *Potępienie Fausta*, zwłaszcza w scenie finału zatytułowanej *Pandemonium*; u Wagnera — w prologu dramatu *Zmierzch bogów* (czwartego ogniwa tetralogii), gdzie trzy „zaświatowe" Norny (germańskie siostry greckich Parek) snują nić życia postaci dramatu, dzierżąc w ręku ich losy; u Czajkowskiego — w trzecim akcie opery *Dama pikowa*, gdzie duch zmarłej Hrabiny wyjawia Hermanowi tajemnicę trzech kart; u Musorgskiego — w IV akcie dramatu *Borys Godunow*, kiedy umierającemu carowi ukazuje się widmo zamordowanego syna.

Kompozytor romantyczny chce przedstawiać zaświat dźwiękowo, środkami muzycznymi. Natomiast obrazy-to-

2 A. Mickiewicz, *Dzieła*, t. I, Warszawa 1955, s. 105.

posy zaświatowych sytuacji czerpie z literatury — poezji, prozy, dramatu: z wątków balladowych o ludowej proweniencji, artystycznie stylizowanych; z poetyki fantastycznych opowiadań i powieści, których arcymistrzem był E. T. A. Hoffmann; z powieści „gotyckich", romantycznych sztuk teatralnych; z dzieł literackich swojego czasu i dawniejszych...

Artyście romantycznemu zaświat jawi się etycznie niejednoznaczny, w trzech zasadniczo postaciach; odsłania trzy oblicza, ukazuje trzy strony.

Jest więc, po pierwsze, zaświat zły: demoniczny, diabelski, szatański. Diabelstwo i postać szatana, przybierająca różne wcielenia, należą wszak do czołowych motywów przewodnich romantycznej literatury! „Cierpienia moje i męki serdeczne i ciągłe walki z szatanów gromadą, / Ich bronie jasne i tarcze słoneczne, jamy wężowe wypełnione zdradą" — pisze Słowacki na wstępie swego *Króla Ducha*! — Mamy więc zaświat mocy piekielnych, sił wrogich człowiekowi, czyhających jawnie i skrycie, otwarcie i podstępnie, chytrze i kusząco, na zgubę ludzkiej duszy. To ten zaświat — z perspektywą piekła — co pochłania niepokornego grzesznika, Don Juana z opery Mozarta; zaświat Samiela i jego kul zaczarowanych z opery *Wolny strzelec* Webera; zaświat Mefista — *spiritus movens* dramatu Goethego — która to postać nawiedza opery Berlioza i Gounoda, i *Symfonię* Liszta. To również zaświat sabatu czarownic z finału *Symfonii fantastycznej* Berlioza (inspirowanej może *Nocą Walpurgi* z *Fausta* Goethego?). Zaświat tajemniczo-demoniczny, dający także znać o sobie w takich miejscach symfonii Mahlera, jak *Scherzo* z jego *Siódmej*...

Przeciwieństwem zaświata złych mocy jest zaświat dobry — niebiański, anielski, boski; zaświat czystych duchów przychylnych człowiekowi, zatroskanych o jego zba-

William Blake, *Aniołowie nad ciałem Chrystusa w grobie*

wienie; zaświat dusz błogosławionych i świętych, zaświat eschatologiczny. Taki właśnie zaświat, w całej jego wspaniałości, przedstawia nam część druga *VIII Symfonii* Mahlera, z tekstem sceny finałowej *Fausta* Goethego.

CHÓR:
Pójdź!

DOCTOR MARIANUS:
Spójrzcie wzwyż…

CHORUS MISTICUS:
Pójdź!

DOCTOR MARIANUS:
…wy wszyscy skruszeni!

CHORUS MISTICUS:
Pójdź!

DOCTOR MARIANUS:
Spójrzcie w oczy pełne łask
Wy wszyscy skruszeni,
Byście w wieczny szczęścia blask
Weszli przemienieni!
Niechaj każda wzniosła myśl
Z oddaniem Ci służy,
Panno, Matko i Królowo,
Bogini, łask użycz!

CHORUS MISTICUS:
Co przemijalne —
Tylko podobieństwem;
Nieosiągalne
Spełni się tutaj;
Niewyrażalne
Ziści się w byt:

Wiecznie kobiece
Pociąga wzwyż!

To także zaświat dany w naiwnych obrazach nieba z *II, III, IV Symfonii* Mahlera, i w rozjaśnionym zakończeniu ostatniej pieśni jego *Kindertotenlieder*:

W taką pogodę i w taki szkwał,
jakżebym ja dzieciom swym z domu wyjść dał!
Wynieśli je z domu, jam stał,
nie mogłem sprzeciwić się temu!

W taką pogodą, w wichury szał,
jakżebym na dworze trzymać dzieci miał,
bałbym się, że stracą zdrowie —
czcze myśli tłuką się w głowie.

W taką pogodę i w taki szkwał,
jakżebym na dworze dzieci trzymać miał,
bałbym się, że jutro umrą,
dziś lęk ten jest rzeczą złudną.

W taką pogodę i w taki szkwał,
jakżebym ja dzieciom swym z domu wyjść dał.
Na dwór je wyniesiono,
nie mogłem sprzeciwić się temu.

W taką pogodę, w wichury szał
i w taki szkwał,
jak w swym matczynym domu śpią,
żadna ich burza nie trwoży,
ukryte w dłoniach Bożych,
jak w swym matczynym domu śpią.

I jest jeszcze zaświat „poza dobrem i złem", moralnie indyferentny, etycznie niedookreślony. Chciałoby się powiedzieć: zaświat po prostu, niedocieczony w tajemnicy swego „zagrobowego istnienia", tamten świat, po drugiej stronie bytu. To ów zaświat, w który poetyckim geniuszem wniknął, głęboko jak nikt, Bolesław Leśmian, w swoich balladach i poematach metafizycznych: *Pan Błyszczyński, Eliasz*... Paradoksalny zaświat nicości intensywnie istniejącej!

Ogród pana Błyszczyńskiego zielenieje na wymroczu,
Gdzie się cud rozrasta w zgrozę i bezprawie.
Sam go wywiódł z nicości błyszczydłami swych oczu
I utrwalił na podśnionej drzewom trawie.
[...]
Był w zaświatach — sen i wicher, i zaklętej burzy rozgruch!
Boże, snów spełnionych już mi dziś nie ujmuj!
Jam te drzewa powcielał, to mój zamysł i odruch...
Moje dziwy... Moje rosy... Dreszcz i znój mój!

Przebacz smutkom i widziadłom nieznającym rodowodu,
I opacznym kwiatom, com je snuł z niczego...
Moja wina! O, Boże, wejdź do mego ogrodu!
Do ogrodu... Do — mojego!... Do mojego!...

Wyznam Tobie całą zwiewność, całą gęstwę mojej wiary
W życie zagrobowe kwiatów i motyli.
Wejdź do mego ogrodu! I cóż z tego, że czary!...
I cóż z tego, że ułuda nikłej chwili!...
[...]
Wyłoniłem z mroku ogród oderwany od przyczyny,
Rozkwieciłem próżnię, namnożyłem ścieżek —

Eliasz —
Wziął go wicher i uniósł na ognistym wozie.
Leciał rozzuchwalony w powietrzu i w grozie,
Płaszcz swój zrzucił na ziemię, by z wyżyn rozstania
Płaszczem ziemi dosięgnąć na znak pożegnania.
I odtąd już go nigdy na ziemi nie było.

Wszeświat stał mu się błędną wokół bezmogiłą.
[...]
I spełniło się... Eliasz czuł przez jedną chwilę,
Że spełniło się właśnie... I czuł tylko tyle.
Pochłonęła go drętwa i pilna Ciszyzna.
Wiedział, że Bóg — daleko — że nic mu nie wyzna.
Dreszcz lęku w nim zanikał raz jeszcze — raz jeszcze —
I wstrząsnęły nim obce ciału przeciwdreszcze.
Czekał do jakich mroków pierś chętną dołoni?
Dłoń wyciągnął w niewiedzę... Lecz minął czas dłoni!
Rozwarł oczy... Czas oczu minął niepochwytnie!
Już nie było błękitu, więc trwał bezbłękitnie.
Dróg nie było, więc drogi na pewno nie zmylił,
I z wozu gasnącego w bezświat się wychylił,
By stwierdzić jasnowidztwem ostatniego tchnienia
Możliwość innej jawy niż jawa Istnienia![3]

Ów zaświat Leśmianowski jest głęboko zakorzeniony w romantyzmie, z romantycznego poczucia świata rozdwojonego wyrasta, przywoływany siłą muzyczno-poetyckiej wyobraźni. Muzycznych wcieleń tak rozdwojonego świata domniemywać możemy już w muzyce Schuberta (część druga z *Kwartetu d-moll „Śmierć i dziewczyna"*).

Kompozytor romantyczny przedstawia i wyraża zaświat w pieśniach, operach, dramatach muzycznych, poematach dźwiękowych, programowych symfoniach. Zaświat konkretyzuje mu się w dźwiękach także pod wpływem lektur. Moc artystyczna poetyckich obrazów, siła oddziaływania scen dramatycznych ożywia wiarę w „tamten świat", pobudza formotwórczą wyobraźnię kompozytora.

---

[3] B. Leśmian, *Poezje*, Warszawa 1957, s. 473, 480.

Główne zaś źródła tego pobudzenia stanowią, jak mniemać można, trzy arcydzieła literackie, z różnych epok, trzy najważniejsze bodaj kamienie milowe na drodze rozwoju nowożytnej literatury europejskiej: *Boska Komedia* Dantego, *Hamlet* Szekspira, *Faust* Goethego. Wszak bogate w wydarzenia, złożone akcje tych dzieł rozgrywają się ciągle na osi: świat — zaświat!

Uobecniony w muzyce zaświat kompozytorów romantycznych ma trzy zasadnicze poziomy wiary i wyobraźni. Jest więc przede wszystkim zaświat pierwotny, o źródłach najstarszych, zakorzeniony w wierzeniach pogańskich, zaświat prastarych obrzędów ludowych, guseł i magii, czarów i zaklinań. Zaświat przezierający z ballad romantycznych, baśni (ze zbioru Braci Grimm), poezji ludowej zebranej przez Arnima i Brentanę i wydanej pod wspólnym tytułem *Des Knaben Wunderhorn*; z którego to zbioru Mahler brał teksty do swoich genialnych pieśni. W paru z nich jawi się — romantycznie — ów pierwotny zaświat.

APEL (*REVELGE*)

Rankiem od trzeciej do czwartej godziny,
my, żołnierze, iść w marszu musimy
uliczką tam i sam,
tralala, tralaraj, tralalera,
mój skarb przygląda się nam.

Ach, bracia, już we mnie trafili,
śmiertelnie kulą ugodzili!
Do kwatery mnie nieś!
to tu niedaleko gdzieś.

Ach bracie, ach bracie zanieść cię nie mogę,
bo nas pobiło wojsko wrogie!
Niech Bóg pomoże ci!

Niech Bóg pomoże ci!
Tralali, tralalaj, tralalli, tralalaj, tralalera,
do śmierci maszerować trzeba mi.

Ach bracia, ach bracia, idziecie tuż obok,
jakbym ja nie żył już,
jakbym ja nie żył już!
Tralali, tralaraj, tralali, tralaraj, tralalera,
i tak mijacie mnie!
i tak mijacie mnie!
Trzeba mi ciągle w bęben walić,
trzeba mi ciągle w bęben walić,
bym mógł od śmierci się ocalić!
Tralali, tralalaj, tralala!

Przy bracie leży brat, przy bracie leży brat, jak zżęty zboża szmat.

I raz po razie w bęben wali,
ze snu się bracia pozrywali,
tralali, tralalaj, tralali, tralalaj,
i biją wroga, biją wroga ich,
strach bije wroga ich,
strach bije wroga ich!
I raz po razie w bęben wali,
ze swej kwatery nocnej powstali,
tralali, tralalaj, tralali, tralalaj!
uliczką, gdy już widno,
pod dom skarbeczka idą.
Tralali, tralalaj, tralali, tralalaj, tralalera,
pod dom skarbeczka idą, tralali!

O świcie tam szkielety nagie
w ordynku stają jak nagrobki jakie,
na przodzie dobosz sam,
na przodzie dobosz sam,
tralali, tralalaj, tralali, tralalaj, tralalera,
by skarb go widział tam!

NOCNA PIEŚŃ WARTOWNIKA (*DER SCHILDWACHE NACHTLIED*)

„Nie mogę, nie chcę wesół być!
kiedy śpią wszyscy ludzie,
to ja muszę czuwać! Tak, czuwać!
i muszę być smutny!"

„Drogi chłopcze, nie musisz być smutny!
Czekam na ciebie w różanym ogrodzie,
w zielonych koniczynach".

„Do zielonych koniczyn nie pójdę!
Do uzbrojonego ogrodu pełnego halabard,
posłano mnie,
posłano mnie!"

„Jesteś na wojnie? Bóg z tobą!
On błogosławi każdego,
kto w to wierzy!
kto w to wierzy?!"

„Ten, kto w to wierzy, daleko stąd,
król to jest, cesarz to jest!
Cesarz!
On prowadzi wojnę.
Stać! Kto tam? Nie zbliżaj się!"

„Kto tutaj śpiewał? Kto śpiewał w tej chwili?
Zaginiony wartownik
śpiewał o północy!
O północy!
O północy!
Wartownik!

TAM GDZIE ROZBRZMIEWAJĄ PIĘKNE TRĄBKI (*WO DIE SCHÖNEN TROMPETEN BLASEN*)

„Kto jest na dworze, kto puka tu,
Cichutko budzi mnie ze snu?"

„To pukam ja, najmilejszy twój,
wstań, prędko otwórz mi dom swój!
Czy długo jeszcze stać tu mam?
Poranna zorza wschodzi już tam,
poranna zorza i gwiazdy dwie,
do mego skarbu serce się rwie!
do mojej najmilejszej!"

I wstało dziewczę, otwarło drzwi,
rozradowane wita się z nim.
„Mój drogi chłopcze, witaj mi!
Tak długo stałeś na dworze!"
Swą śnieżnobiałą podaje mu dłoń,
w dali słowika słychać śpiew,
dziewczę zaczyna ronić łzy...

„Ach najmilejsza, nie płacz tak,
za rok ty będziesz moją wszak,
moją ty będziesz, jak żadna tu!
O miłości na zielonej ziemi!
Ciągnę na wojnę, w zieloność łąk;
zielone łąki daleko stąd.
Daleko tam, gdzie piękne trąbki grają,
zielone trawy mój dom porastają".

Z zaświatem pierwotnym koresponduje w wyobraźni romantyków zaświat archaiczny, mityczny, zakorzeniony w mitologii — starożytnej greckiej i rzymskiej, celtyckiej, germańskiej, skandynawskiej. Mitologia zaś w artystycznej ideologii twórców romantycznych grała ważną, kluczową rolę. Pisał u progu romantycznego stulecia Friedrich Schlegel:

> Twierdzę, że poezji naszej brak ośrodka, jakim dla starożytnych była mitologia; i że wszelkie istotne przyczyny, dla jakich nowoczesna poetyka ustępuje antycznej, dają się streścić w tych słowach: nie mamy mitologii. Ale dodam,

> bliscy jesteśmy jej doczekania, a raczej pora, byśmy poważnie pomogli w jej narodzinach. [...] Wielkie jest dobrodziejstwo mitologii. To, co kiedy indziej wiecznie umyka świadomości, tutaj daje się jednak oglądać zmysłami i umysłem, będąc ujęte jako dusza w otaczającym ją ciele, przez które prześwieca naszym oczom, przemawia do naszych uszu[4].

Z mitologii wszak, dodajmy, z zasobu mitów, przede wszystkim germańskich, wysnuwał będzie treść swoich dramatów Wagner.

Zaświat pierwotny i archaiczny współgra w twórczości muzycznej romantyków z zaświatem młodszym, chrześcijańskim. Wizje, symbole, znaki, obrazy zaświata mają tu podłoże religijne, wynikają z wiary. Dwojakiego rodzaju: wiary naiwnej, ludowej, dziecięcej, wyobraźniowo-fantazyjnej, jak w *II, III, IV Symfonii* Mahlera; „wiary szukającej zrozumienia", na wyższym poziomie myśli, intelektu — jak w cytowanej *VIII Symfonii* Mahlera, czy wcześniej w Symfoniach *Dante* i *Faust* Liszta.

Trzeci rodzaj zaświata, jaki nawiedza muzykę romantyczną, może być nazwany mistycznym. Nie jest on związany z jakąś określoną religią (choć może się posługiwać religijną symboliką). Objawia się ponad wyznaniami, podziałami, dogmatami, jako czysty zaświat d u c h o w y , radykalnie niematerialny, niewidzialny świat Ducha, duchowej rzeczywistości, którego znaki wszakże możemy widzieć, słyszeć, odczytywać — w malarstwie, muzyce, poezji. To świat od tego tu ziemskiego świata wyższy, zaświat, wobec którego bytowej intensywności istnienie tego tu świata wydać się może wtórnym jedynie odblaskiem. To zaświat, któ-

---

[4] F. Schlegel, w: *Pisma teoretyczne niemieckich romantyków*, dz. cyt., s. 150nn.

rego pierwotna niesamowitość ulega zniesieniu. Zaświat niebudzący grozy, niewzniecający trwogi; przeciwnie — budzący zachwyt, rozpalający entuzjazm, wprawiający w uniesienie. Zaświat wszelako dostępny duszom nielicznym, duchom wybranym, skłonnym do mistyki: poetom — jak Hölderlin czy Słowacki, poetyckim myślicielom — jak Novalis, filozofom — jak Schelling, malarzom — jak Friedrich, kompozytorom — jak Liszt, Bruckner, Mahler...

Zaświat, dla którego trafniejsza byłaby może nazwa nad-świat. Nad-świat więc przez artystów i myślicieli przeczuwany, odczuwany, uświadamiany, a pojmowany dynamicznie: jako zadanie, postulat, imperatyw, cel ostateczny ziemskiej naszej egzystencji, co zwięźle ujmie Słowacki: „Ostatecznym zaś celem wszystkich jest przemiana substancji całej w ducha".

Owa zaś przemiana — przeduchowienie — niczym innym wszak nie jest, niż powrotem do źródeł Bytu, po wielkim cyklu — eonie — kosmicznej ewolucji! Taka myśl jest przecież nicią przewodnią poetyckiego traktatu Słowackiego *Genezis z ducha*! Powrotem, czyli Zmartwychwstaniem, jak je w swojej *II Symfonii* pojmował Mahler:

Zmartwychwstaniesz, o tak, ty zmartwychwstaniesz,
prochu mój, po krótkim spoczynku!
Nieśmiertelny żywot
da ci Ten, który ciebie zawezwał!
Zakwitniesz znowu, ty, coś był posiany!
Pan żniwa nadchodzi,
i zbierze snopy,
nas, cośmy zmarli.
O uwierz, me serce, o uwierz,
niczego nie utracisz!
Twoje jest to, coś wytęskniło,
twoje, coś ukochało,

coś wywalczyło!
O uwierz,
nie urodziłeś się na próżno!
Na próżno nie żyłeś,
nie cierpiałeś!
To, co stworzone,
musi przeminąć!
co przeminęło — zmartwychwstać!
Przestań się trwożyć!
Przygotuj się do życia!
O bólu! przenikający wszystko
już nie zniewalasz mnie!
O śmierci, wszystko zwyciężająca!
teraz tyś zwyciężona!
Na skrzydłach, które zdobyłem,
w porywie żarliwej miłości
ulecę
ku światłu nieprzeniknionemu!
Ja umrę, aby ożyć!
Zmartwychwstaniesz, ty zmartwychwstaniesz,
me serce w okamgnieniu!
a wszystkie twe uderzenia
uniosą cię do Boga.

(tłumaczenie tekstów poetyckich w utworach Mahlera:
Krystyna Jackowska-Pociejowa)

XII. TEATR ROMANTYCZNY

W epoce romantyzmu muzyka odnawia stare związki z teatrem. Jak ważną dziedziną dla kultury europejskiej (także dla innych, starszych kultur) jest teatr, jak kluczową rolę w jej rozwoju odgrywa — o tym nie trzeba chyba nikogo przekonywać.

O starożytnych źródłach teatru tak pisał niegdyś Stefan Srebrny, wybitny znawca kultury antycznej i dziejów teatru, kongenialny tłumacz Ajschylosa:

> Ośrodkiem skupiającym dookoła siebie najistotniejsze pierwiastki życia artystycznego, a poniekąd i religijnego, staje się (w V wieku p.n.e. — dopisek B. P.) teatr ateński. W uroczystościach ku czci Dionizosa najważniejsze miejsce zajmują widowiska dramatyczne. Przedstawienie teatralne nie jest, jak dzisiaj, strawą codzienną, ale rzeczą wyjątkową, uroczystością religijną. Śmiało powiedzieć można, że nie było chyba w dziejach epoki, która by tak bardzo zasługiwała na nazwę „epoki teatralnej". Nazywamy tak nieraz okresy, w których teatr odgrywa szczególną rolę w kulturze, w których jest siłą twórczą rodzącą z siebie dramat i skupiającą w sobie wszystko, co jest najbardziej charakterystyczne dla współczesnej duchowości. Epoką teatralną było późne średniowiecze ze swymi misteriami, Anglia elżbietańska, Hiszpania Lope de Vegi i Calderona. Ale najbardziej i w najgłębszym sensie — Ateny V wieku[1].

---

[1] S. Srebrny, *Teatr grecki i polski*, Warszawa 1984, s. 55nn.

Wiek XIX, w odróżnieniu od XVI czy XVII, nie należał zapewne do „epok teatralnych". Zdominowany był literaturą — różnego rodzaju pisarstwem i, by tak rzec, popędem czytania. To, co swoiście teatralne — przedstawienie, sceniczność, widowiskowość, teatralna dramaturgia — rozwijało się na podłożu książek, wynikało z literatury. Romantyczne sztuki teatralne — Goethego, Schillera, ich następców w XIX wieku — są zapośredniczane lekturą, a nie, jak w czasach Szekspira czy Moliera, pisane bezpośrednio na scenę, dawane wprost do grania aktorom. Sztuki dziewiętnastowieczne — romantyczne, realistyczne, naturalistyczne, symbolistyczne — są najpierw dawane do lektury, przeznaczane dla czytelników, a następnie, niejako wtórnie, dla aktorów, do grania. Życie sceniczne tych sztuk uwarunkowane jest lekturą gotowego, wydrukowanego tekstu. Teatr romantyczny budowany jest na s ł o w i e, którym pisarz-dramaturg wypowiada uczucia i myśli, zamiary i czyny osób dramatu, ich wzajemne związki, ich perypetie, konflikty, ich poglądy, pragnienia, tęsknoty, ich mądrość i głupotę, dobroć i złość, szlachetność i nikczemność, piękno i brzydotę... Stąd też ta mnogość słów — kwestii aktorskich dopełnianych tekstem didaskaliów. Stąd — pokaźne rozmiary dramatów romantycznych. (Obfitość słów w dramatach Wagnera z podobnych skłonności się wywodzi!)

Podobnie też — literacko — zdają się traktować romantyczni pisarze dramatyczni największego swego mistrza, Szekspira; ku czemu asumpt dał w swoim czasie Goethe, wyrażając pogląd, iż dramaty Szekspirowskie bardziej się nadają do czytania, niż do oglądania w teatrze. Tak więc romantycy — poeci, malarze, muzycy/kompozytorzy — namiętnie Szekspira czytają, i przez to, rzec można, tym głębiej wnika on w romantyczną muzykę, tym mocniej ją porusza.

Jednakże w literackiej *par excellence* kulturze XIX wieku działa również duch teatru; dlatego kultura ta, zdominowana literaturą, jest też w jakiejś mierze teatralna. W ówczesnym życiu artystycznym teatr, na różnych swoich poziomach, odgrywa wszak ważną rolę. Kwitnie romantyczna sztuka aktorska, a sam teatr, pod względem technicznym, rozwija się, przekształca, modernizuje.

> W XIX wieku nowe tendencje zyskały powszechną aprobatę i przez czterdzieści lat w teatrze dominował styl romantyczny, który charakteryzowała obfitość zaskakujących wizualnych efektów i pełen namiętności, choć skodyfikowany, styl gry. Błyskawiczny rozwój techniki i maszynerii scenicznej popchnęły teatr w stronę olśniewających, pełnych rozmachu ogromnych widowisk (*grand spectacle*). Teatr wciąż się zmieniał, przystosowując się do przemian społecznych, potrzeb nowej widowni i estetycznych mód. Wprawdzie po 1840 roku zapanował całkiem inny styl, ale opis epoki należy zacząć od charakterystyki melodramatu — najpopularniejszej rozrywki stulecia.
>
> Pojawienie się melodramatu pociągnęło za sobą zmiany w reżyserii, oświetleniu i grze aktorskiej. Chodziło o to, by w odpowiednio dramatyczny i zaskakujący sposób zobrazować na scenie meandry akcji. Coraz ważniejszy stawał się malarz-dekorator, wyczarowujący zapierające dech w piersiach miejsce wydarzeń; dekoracja nie była już tylko tłem dla akcji, ale stawała się jednym z bohaterów[2].

Do tych informacji dodajmy wszakże to, iż teatry dziewiętnastowiecznej Europy dysponowały bogatym repertuarem, rozległym zasobem sztuk dramatycznych, tragedii i komedii — od wyżyn artystycznych w dziełach Szekspira, Moliera, Calderona, Racine'a, Schillera, Goethego, Kleista,

---

2 *Historia teatru*, red. John Russel Brown, Warszawa 2007, s. 300nn.

Victora Hugo, Musseta, po obszary nikłej wartości, o których dziś już się na ogół nie pamięta, a które ówcześnie stanowiły strawę mniej wybrednej publiczności. Było więc co grać, kwitła sztuka aktorska, a jednocześnie w operze — sztuka pięknego śpiewu; wybitni aktorzy cieszyli się zasłużoną sławą; dużą popularność miała też sztuka pantomimy, a postacie słynnych mimów przeszły do historii teatru.

Aktorzy grali sztuki na scenie — to stanowiło sedno ówczesnego teatru. Był on po prostu przestrzenią architektonicznie zamkniętą, uwarunkowaną budynkiem teatralnym z zasadniczym podziałem na scenę i widownię; był miejscem, gdzie się grało sztuki, a przedstawiane scenicznie dramaty i komedie konkretyzowały się w słowie. Właśnie słowo, urzeczywistniane w grze aktorskiej, było tu najważniejsze. Inne elementy dzieła teatralnego, tak istotne dziś dla nas, jak reżyseria, inscenizacja, scenografia, kostiumy, dekoracje — były wprawdzie dla życia sztuk na scenie niezbędne, ale też ich rola była wtórna, wspierająca, pomocnicza. Dziedzina reżyserii teatralnej — w naszych czasach tak rozwinięta, że często wręcz samowolna wobec tekstu sztuki i jej autora — jak i sama postać reżysera, tak jak ją dziś pojmujemy, właściwie jeszcze nie istniały; reżyserowanie sztuki ograniczało się do koordynacji tekstu w kwestiach poszczególnych aktorów. Inscenizacja zaś — czyli cała strona wizualna: scenografia, dekoracje, kostiumy — miała wzmacniać oddziaływanie tekstu danego w grze aktorskiej; urealniać teatralną iluzję, „znosząc" jej iluzoryczność; wprowadzać widza w czas i miejsce rozgrywania scenicznej akcji. Dlatego też inscenizacja musiała być realistyczna i naturalistyczna; także, w miarę potrzeb, wykorzystująca teatralną maszynerię.

Nas tutaj będzie szczególnie interesować problem związków muzyki romantycznej z teatrem, kwestia wzajemnego oddziaływania teatru na muzykę i muzyki na teatr. Powiedzieć można, że w XIX wieku muzyka się w nowy sposób „teatralizuje", teatr zaś — „muzykalizuje".

W komponowaniu muzyki przez jej wielkich twórców doby romantyzmu ma swój udział także inspiracja teatralna. Może udział ten jest niezbyt wielki w porównaniu z rozległością inspiracji literackich, niemniej znaczący. Jak się ta inspiracja przejawia? Jakich stron muzyki dotyczy?

Otóż muzyka romantyczna, w swojej pasji wyrażania i przedstawiania, nastawiona jest, by tak rzec, „ejdetycznie", na istotę — sedno, prawdę tego, co chciałaby wyrazić, przedstawić, powiedzieć. Chce więc także wyrazić istotę teatru, sedno teatralności, teatralność samą w sobie. Co jest jednak tym sednem? Co stanowi istotę teatralności?

Unaoczniające przedstawienie — w źródłowej syntezie, zespoleniu: słowa-dźwięku-ruchu/rytmu; poezji-muzyki-tańca (potencjalnego bądź rzeczywistego). Teatr unaocznia się w postaci aktora, poprzez nią się urzeczywistnia. Teatr w istocie swej stoi na sztuce aktorskiej; jest ona warunkiem koniecznym jego istnienia i funkcjonowania. Bez aktora i jego sztuki teatr właściwie nie istnieje. To zaś, co się w teatrze — scenicznie, teatralnie — w grze aktorskiej przedstawia, jest dramatyzacją ludzkiej egzystencji, dramaturgią człowieczego losu.

Tknięta duchem teatru, inspirowana teatralną dramaturgią muzyka wchłania w siebie teatr, jego elementy i formę, i transformuje je we własne struktury i formy dźwiękowe. Mówić więc można o efektach quasi-scenicznych i teatralnopodobnych w rodzajach, gatunkach, formach muzyki instrumentalnej — symfonicznej, kameralnej, fortepianowej — i wokalno-instrumentalnej XIX wieku. Tak więc muzyka kształtowana bywa i rozwijana (stylizowana) na podobieństwo zasadniczych elementów sztuki aktorskiej: monologu, dialogu, sceny zespołowej (ansamblu), gestu aktorskiego, scenicznego ruchu.

Efekty — reminiscencje, stylizacje teatralne — spotkać można w różnych gatunkach muzyki instrumentalnej (także w pieśniach — jak *Winterreise* Schuberta); obszarem zaś ich najczęstszego występowania i najpełniejszego przejawu jest muzyka symfoniczna. Spośród wielkich symfoników XIX wieku szczególnie podatni na inspiracje teatralne będą: Berlioz, Liszt, Czajkowski, a głównie Mahler. Im wszystkim zaś w romantycznych teatralizacjach muzyki patronuje geniusz Beethovena — w swoich *Sonatach* i *Kwartetach*, *IV Koncercie* (część druga jako dramatyczny dialog!), *IX Symfonii*.

„Teatralizacji" muzyki zresztą romantycy nie wynaleźli. Jako cecha (skłonność) muzyce immanentna istniała ona już w epoce baroku. Romantycy natomiast tę skłonność zintensyfikowali, rozwinęli, rozszerzyli, zpsychologizowali, zindywidualizowali. To, co w czasach baroku było muzycznie skonwencjonalizowane: teatralna retoryka, gest aktorski — teraz, w epoce romantyzmu, stawało się przejawem stylów indywidualnych, osobistych sposobów wypowiedzi.

Muzyka XIX wieku — romantyczna w szerokim sensie — charakteryzuje się (o czym już nieraz była mowa w tych szkicach) szczególną otwartością na twórcze impulsy, podatnością na źródła inspiracji; również więc na to, co teatralne. To źródło inspiracji może być jawne — określone przez tytuł lub program — bądź domniemane. Na jawną inspirację konkretnym dziełem teatralnym — dramatem — wskazują na przykład tytuły poematów symfonicznych i symfonii programowych: *Hamlet*, i *Faust* Liszta, *Romeo i Julia*, *Manfred* Czajkowskiego. Jest to zresztą inspiracja nie tyle bezpośrednio teatralna, ile inspiracja dziełem literackim w formie dramatu, na scenę (acz niekoniecznie) przeznaczonym. Kompozytor przede wszystkim c z y t a tekst sztuki, może także (choć nie musi) obejrzeć ją na scenie, w teatrze. Lektura tekstu dramatu rezonuje w nim, pobudza inwencję, inspiruje proces twórczy. (Tak to przynajmniej możemy sobie wyobrazić.) Dramaturgia literacko-teatralna transformuje się w dramaturgię muzycznej formy.

Tknięte duchem teatru, poruszane literacko-teatralną dramaturgią utwory wielkich kompozytorów XIX wieku są owocami procesów twórczych, których charakteru możemy tylko domniemywać. Kompozytor epoki romantyzmu — podobnie jak jego osiemnastowieczny poprzednik — w swojej pracy posługuje się ugruntowanymi tradycją zasadniczymi wzorcami kształtowania, które przekształca, rozszerza, „romantyzuje", stosownie do swoich zamierzeń i koncepcji: forma łukowa (ABA), rondo, wariacje, kanon. Te wzorce są wszak podstawą — techniczną — dramaturgii formy; skupiają się zaś one wszystkie w owym nad-wzorcu, formie form, jaką stanowi f o r m a s o n a t o w a, nadrzędna, wszechobecna idea formy, przez dziewiętnastowieczną muzykologię wydedukowana z twórczości klasyków wiedeńskich, dla których „myślenie sonatą" było tym, czym dla kompozytorów uprzedniej epoki „myślenie fugą"...

I oto teraz, w związku z frapującym problemem teatralizacji i dramatyzacji muzyki romantycznej, powstaje pytanie: czy w samym zaistnieniu i funkcjonowaniu takiej idei formy, takiego sposobu kształtowania, takiego stylu myślenia formą, nie można by dopatrzyć się również udziału inspiracji dramaturgiczno-teatralnej? Weźmy pod uwagę elementy formy sonatowej i właściwą jej dynamikę rozwijania — w sonacie fortepianowej, symfonii, kwartecie. Czyż sama ekspozycja tematów, często poprzedzona wstępem (jak przed podniesieniem kurtyny), nie ma w sobie czegoś scenicznego, wywodzącego się wprost z teatru? A wyprofilowanie motywów czołowych — czy nie kojarzy się czasem z aktorsko-sceniczną mową gestów? Motywy i tematy, pierwszoplanowe i poboczne, zdają się reprezentować poszczególne *dramatis personae*, różnej proweniencji, w ich wzajemnych związkach, układach, konfliktach, starciach... Beethoven, twórca romantycznej sonaty, przetworzenie uczyni głównym terenem dramatycznej akcji, rozgrywanej w dialogach i monologach.

A repryza? Jako miejsce nawiązania do sytuacji wyjściowej, na nowym wyższym stopniu doświadczeń, traci ona u Beethovena swój klasycznie jednoznaczny sens. Zdaje się nam mówić, że bieg czasu jest zasadniczo nieodwracalny, a powrót dosłowny do początku wręcz niemożliwy. Jest więc repryza bardziej reminiscencją niż powtórzeniem (jak u klasyków): zmierza do zakończenia, a zarazem je odwleka, wprowadza nowe wątki, odkrywa nowe sytuacje rozszerzające dramaturgię, przedłużające akcję dramatu... Taka też jest dramaturgia pierwszej części *III Symfonii*, dzieła, w którym nowatorski geniusz Beethovena przeobraża (romantycznie) symfonię w samej jej (klasycznej) koncepcji.

Analogie dramaturgiczno-teatralne rozszerzać można na dramaturgię form wieloczęściowych; zwłaszcza cyklu symfonicznego. Tak więc symfonię u Mahlera — którego twórczość jest maksymalnie otwarta na różnego rodzaju inspiracje — pojmować i tłumaczyć można również jako dramat. Każda bowiem z jego symfonii zakomponowuje się dramaturgicznie: poprzez perypetie, konflikty, starcia zmierza do finału, który jest rozwiązaniem konfliktów i wypełnieniem dramatycznej akcji: heroicznym (*VII*), zwycięskim (*I, V*), sielskim (*I, V*), tragicznym (*VI*), mistycznym (*IX*)... Styl symfoniczny Mahlera znamionuje fascynujące — dialektyczne — współgranie czterech rodzajów czasu: narracyjnego czasu opowieści (epickiego, powieściowego, czasu odniesionego do przeszłości); lirycznego czasu urzeczenia pięknem chwili (czasu teraźniejszego); czasu sakralnego — mistycznego — „znoszącego" czas świecki; czasu dramatycznego bezpośredniej — „scenicznej", „teatralnej" — prezentacji wydarzeń, przedstawiania akcji: z romantyczną gwałtownością, burzliwie i namiętnie, lecz także już — (w *IX Symfonii* zwłaszcza) w ekspresjonistycznym zgęszczeniu i wyostrzeniu; tak że powiedzieć można, iż Mahler w swojej muzyce bliższy jest tutaj modernistycznemu symbolizmowi teatru Strinberga (z jego sztuk ostatnich) niż teatrowi romantycznemu i realistycznemu, i że prekursorsko antycypuje teatr ekspresjonistyczny...

W dziejach muzyki symfonie Mahlera stanowią apogeum symfonicznej dramaturgii — w jej całym zróżnicowaniu środków wyrazu, bogactwie kształtów, mnogości form. Same już tematy jego symfonii — wyraziste, plastyczne, ruchliwe, różnobarwne — mają w sobie witalną energię postaci ludzkich w ich parciu (aktorsko!) do autoprezentacji na wyimaginowanej scenie teatralnej. Tematy-postacie urzeczywistniają się w totalnym, wielowymiarowym, różnopłaszczyznowym, przestrzennym d i a l o g u, który, jako główny sposób rozwijania i kształtowania, toczy się w muzyce Mahlera nieustannie.

Poświęćmy na koniec nieco więcej miejsca „przypadkowi W a g n e r a". W historii muzyki ujętej pod kątem jej związków z teatrem i w historii teatru ujmowanej w aspekcie relacji z muzyką, jest ów casus czymś zupełnie wyjątkowym. Wśród wielkich kompozytorów, geniuszy twórczości muzycznej doby nowożytnej, nie było drugiego twórcy o podobnym, równie intensywnym i totalnym zaangażowaniu w teatr, kompozytora, który byłby zarazem twórcą teatru, w teorii i praktyce, i który by stworzył teatr własny. Jako kompozytor genialny, który tak mocno zaważył na dziejach muzyki i tak przemożnie wpłynął na jej rozwój, był Wagner, w swojej troistej osobowości — wpisującej się w muzykę, literaturę, teatr — również człowiekiem teatru. (Niemcy mówią „Teatraliker"). Czy przysługuje mu jednak miano twórcy teatru, tak jak je pojmujemy dzisiaj? Czy jego reformatorskie koncepcje „totalnego dzieła sztuki" obejmowały także dziedzinę artystyczną teatru — w naszym pojęciu — jako odrębną specyficzną sferę?

Wagner był przede wszystkim twórcą muzyki i artystą słowa, nadzwyczajnie wyczulonym na mowę dźwięków i walor ekspresyjno-pojęciowy języka. Z trzech zasadniczych składników jego „Gesamtkunstwerku" — słowo, muzyka, obraz (sceniczny) — ten trzeci interesował go mniej. Jako twórca oper i dramatów muzycznych — czyli *de facto* sztuk teatralnych — musiał brać Wagner pod uwagę również aspekt wizualny, teatralno-sceniczny w ścisłym sensie. Nie on był wszakże dlań najistotniejszy, lecz to, co się rozgrywało w słowie i muzyce. Tu tkwiło jądro „Gesamtkunstwerku": w zespoleniu znaczenia słowa z ekspresją dźwięku. Cały sens wynikający z tej syntezy mają nam, słuchaczom, przekazać muzycy orkiestry oraz eksponowani na scenie aktorzy-śpiewacy. Oni właśnie w kreowaniu obrazu scenicznego obchodzą Wagnera najbardziej; im też poświęca dużo miejsca w teoretycznym uzasadnianiu swojej koncepcji „całościowego dzieła sztuki". Wymaga od nich przede wszystkim nie tylko pięknego śpiewu przekazującego znaczenie słów, ale i gry aktorskiej, wynikającej z charakteru (sensu) słowa i muzyki. W nowym dziele sztuki całościowej dawny śpiewak operowy winien się przeobrazić w nowego aktora dramatu muzycznego.

Tu wszakże natrafiamy na pewien paradoks teatru Wagnera. Pisał on romantyczne opery i dramaty muzyczne dla teatru swoich czasów — realistycznego, naturalistycznego, mieszczańskiego. W reformie, jaką dla swej sztuki postulował, prekursorskie było to, że od artysty-śpiewaka wymagał także aktorstwa, przede wszystkim w podaniu słowa oraz w ruchu i w geście. Natomiast inscenizację — scenografię, dekoracje, kostiumy, także efekty specjalne — przyjmował niejako apriorycznie, z dobrodziejstwem inwentarza, korzystając też z możliwości ówczesnej maszynerii teatralnej (zwłaszcza w tetralogii i II akcie *Parsifala*). A swoje dramaty — zwłaszcza tetralogię *Pierścień Nibelunga*, dziejącą się w różnych miejscach — zaopatrywał w szczegółowe didaskalia, dające sugestię realistycznych i naturalistycznych wyglądów. Tak to więc przyszłościowa koncepcja teatru Wagnera realizowała się zrazu w medium tradycyjnym (jakim był również jego własny teatr w Bayreuth). Czas pełnej realizacji jego idei, pomysłów, koncepcji — totalnego dzieła sztuki w nowej przestrzeni teatru — miał dopiero nadejść w XX wieku, głównie za sprawą wielkiego twórcy i reformatora sztuki teatru u progu nowego stulecia — Adolfa Appii.

Istotne jest jednak to, że Wagnerowskie dramaty zawierają w sobie wielkie potencje teatralne, niewyczerpane możliwości najrozmaitszych realizacji scenicznych. Są bowiem tak intensywnie żywe w słowno-muzycznej dramaturgii — w swoich postaciach i miejscach akcji — że domagają się wprost scenicznego unaocznienia, prą do pełnej konkretyzacji w teatralnych obrazach. W swoim czasie powstawały jako owoce szczególnej syntezy: romantycznych tęsknot i pragnień, romantycznej wyobraźni i fantastyki, romantycznego symbolizmu i realizmu — w dążności do naocznego przedstawiania. Właśnie ów symbolizm — zakorzeniony w mitologii inspirującej wyobraźnię romantyków — okazywał się z czasem dla sztuki Wagnera czymś istotnie prekursorskim, czekającym na pełne urzeczywistnienie w teatrze. Bogata i złożona symbolika muzyczna i słowna Wagnerowskiego „Gesamtkunstwerku" znajdzie właściwy sobie odpowiednik dopiero w nowej dwudziestowiecznej wyobraźni wizualnej. A sztuka Wagnera, oczyszczona z dziewiętnastowiecznego naturalizmu inscenizacyjnego, wejdzie w sferę wyobraźni symbolicznej, (tak jak ją pojmują jej wielcy interpretatorzy w XX wieku: Jung, Eliade, Ricoeur); osiągnie wyższy stopień realizacji symbolistycznej — stosownie do swego charakteru. To nastąpi wszakże w drugiej połowie XX wieku, za sprawą wnuka Wagnera, Wielanda, w latach pięćdziesiątych podejmującego w Bayreuth rewelacyjne idee inscenizacyjne Adolfa Appii.

XIII. POMÓWMY O FORMIE...

Czy w epoce muzycznego romantyzmu mówi się w ogóle o formie? Czy mówią o niej i piszą kompozytorzy, krytycy, muzykolodzy, muzykografowie? Czy w ówczesnym myśleniu o muzyce forma staje się kwestią ważną? Czy w muzyce romantycznej istnieje p r o b l e m f o r m y? Odpowiedź na te pytania wymaga pewnego wglądu w stan świadomości muzycznej kulturalnego społeczeństwa XIX wieku. Otóż — jak o tym już była mowa obszerniej w tej książce (por. szkic *W przestrzeni myśli*) — kultura tego stulecia charakteryzuje się nie tylko intensywnie przyspieszonym, jak nigdy dotąd, rozwojem muzyki, ale także niebywałym rozkwitem i rozrostem myślenia, pisania i mówienia o muzyce.

Muzykę się na nowo jak gdyby odkrywa. Staje się ona — po raz pierwszy w swych dziejach — tak ważnym i tak frapującym przedmiotem poznania. Muzykę się opisuje, charakteryzuje, analizuje, bada, objaśnia, tłumaczy — różnymi sposobami: literacko, poetycko, naukowo, filozoficznie; na różnych poziomach wiedzy, uczoności i sztuki pisarskiej. Można powiedzieć, że to dopiero XIX w. dał kulturalnemu światu muzykologię, estetykę i filozofię muzyki, muzyczną historiografię, biografistykę, eseistykę, krytykę i sprawozdawczość. Również my dzisiaj, parający się pisaniem o muzyce, jesteśmy spadkobiercami tego niezwykłego stulecia.

W kompleksie rozwijanych nauk o muzyce znalazła się także praktyczna n a u k a o f o r m a c h (*Formenlehre*, zainicjowana już w XVIII wieku), obejmująca ich klasyfikację, systematykę, zasady budowy. Zarysowuje się też w niemieckiej muzykologii ogólna teoria formy muzycznej, do której swoistymi kluczami będą dwie zwięzłe definicje. Pierwsza — fundatora muzykologii Hugo Riemanna: „Jedność w różnorodności" (*Einheit im Verschiedenen*). Druga — Eduarda Hanslicka (czołowego krytyka i estetyka): określenie muzyki jako „form dźwiękowych w ruchu" (*Tönend bewegte Formen*)

Na przełomie wieków XIX i XX dokonano już w muzykologii niemieckiej ogromnej pracy w zakresie problematyki formy: ugruntowano i wyklarowano samo jej pojecie; przeprowadzono szczegółową systematyzację form muzycznych pojętych jako gatunki; wypracowano precyzyjne metody formalnej analizy muzyki; fenomen formy ujęto i rozpatrzono w perspektywie historycznej, stwarzając tym samym podstawy autonomicznie pojętej historii form muzycznych (Guido Adler).

Pojęcie formy u klasyków niemieckiej muzykologii było analityczne i sumaryczne. Dostrzegano wprawdzie już w pełni i doceniano w muzyce zjawisko r u c h u (definicja Hanslicka!), jednakże samo pojęcie formy muzycznej było jeszcze poza (czy ponad) ruchem; było czymś, w ramach czego ruch się dokonuje, czymś w stosunku doń nadrzędnym: wprawdzie muzykę postrzegamy jako ruch dźwięków (Hanslick), ale jej forma jest czymś unieruchomionym, w czym ruch już się dokonał. Było to pojęcie formy „geometryczne", ustatyczniające ruch.

Nas wszakże tutaj interesować będzie nie tyle muzykologiczna teoria formy, ile to, co o formie wywnioskować się daje z samej muzyki wielkich kompozytorów XIX wieku — Beethovena, Schuberta, Chopina, Schumanna, Berlioza, Liszta, Wagnera, Brucknera, Brahmsa, Mahlera. A wyeksplikować można z ich utworów fascynujący p r o b l e m a t f o r m y! Mimo — a może właśnie dlatego! — że na temat formy kompozytorzy ci nigdy się nie wypowiadają wprost. O tym jednak, że problem jest ewidentny, świadczy wyraźnie ich muzyka.

Wsłuchujemy się więc w muzykę romantyczną i odczytujemy ją w aspekcie formy. Słuchamy tego, co nam muzyka mówi o swojej formie.

Chodzi mi teraz wszakże o formę muzyczną w moim współczesnym, a nie dziewiętnastowiecznym pojęciu, tak jak ją mogę pojmować dzisiaj, z początkiem XXI wieku, na aktualnym poziomie mojej muzycznej samowiedzy. Otóż formę muzyczną — formę w muzyce — pojmuję tu (najogólniej) dynamicznie i energetycznie, kładąc nacisk nie tyle na formę gotową, ustatycznioną, „zgeometryzowaną", ile na formę formowaną: jako dialektyczne współgranie i dynamiczną równoważność dwóch sił kształtujących dźwiękową materię — siły dośrodkowej, scalającej, wiążącej elementy i komponenty oraz siły odśrodkowej (siły ruchu), czasoprzestrzennej. Takiego też poczucia formy i takiego jej intuicyjnego, przedpojęciowego pojmowania, mogę zasadnie domniemywać u wielkich twórców muzyki romantycznej.

Ogólny problemat formy w muzyce XIX wieku — frapująco otwarty, dyskusyjny, kontrowersyjny — uwyraźnia się w czterech kluczowych kwestiach. Postawmy więc teraz zasadnicze pytania i postarajmy się na nie odpowiedzieć.

KWESTIA PIERWSZA

Czy w muzyce — twórczości kompozytorskiej — XIX wieku możemy mówić o f o r m i e r o m a n t y c z n e j? Czy coś takiego w ogóle istnieje? Czy istnieje taka i d e a f o r m y, związana z historycznie określonym obszarem muzyki? Tu wszakże musimy wprowadzić pojęcie formy inne, różne od sformułowanego wyżej: formy w znaczeniu określonej idei kształtowania.

Jeśli istotnie, załóżmy to, taka „forma romantyczna" (forma-idea, idea formy) istnieje, to jakie są jej domniemane korzenie i źródła? Jaki ma ona rodowód? Pytanie powyższe wynika z pytania bardziej zasadniczego, jakie możemy zadać całej historii muzyki europejskiego kręgu kultury. Czy każdemu z poszczególnych okresów panowania stylów powszechnych, jakie w ciągu wieków wyróżniamy, przypisać można jakiś odrębny model, typ, wzorzec, ideę formy? Czy istnieje więc — przykładowo i kolejno — forma monodii chorałowej, forma polifonii gotyckiej i późnogotyckiej, forma polifonii renesansu, forma baroku — wczesnego, środkowego, późnego; forma klasyczna, forma romantyczna, forma ekspresjonistyczna?

Wsłuchiwanie się w muzykę romantyczną, poznawanie jej określonych utworów skłania nas do odpowiedzi pozytywnej na wstępne pytania. Coś takiego jak „forma romantyczna" istnieje, a naszym zadaniem tutaj będzie charakterystyka romantyczności tej formy, wskazanie i opisanie jej *differentia specifica*, opisanie tego, co odróżnia ją od analogicznych „form" klasycyzmu, baroku, renesansu, średniowiecza.

Powiedzieć można tak — metaforycznie, obrazowo. W polu muzyki XIX wieku — której rewolucyjny geniusz Beethovena nadaje nowy kierunek rozwoju — istnieje i oddziałuje znamienna dla romantycznej epoki idea: formy romantycznej; romantyczny modus kształtowania materii dźwiękowej, odkryty przez Beethovena, który w późnych swych *Sonatach* i *Kwartetach* formę klasyczną rewelacyjnie przeobraża. Największy w dziejach rewolucjonista muzycznej formy dokonuje tutaj dialektycznej syntezy zasadniczych *modi* kształtowania: „forma klasyczna" (podstawa i punkt wyjścia) zostaje mianowicie „zniesiona" przez „formę Bachowską" w dążeniu do romantycznej syntezy. W tej zaś Beethovenowskiej syntezie, owocującej muzyką ostatnich *Sonat* i *Kwartetów*, tym mocniej zaznacza się rola Bacha. Jeżeli Beethoven jest twórcą formy romantycznej, to Bach, blisko wiek wcześniej, jest jej genialnym prekursorem! Skupiając w polu swych doświadczeń to, co najcenniejsze z osiągnięć muzyki europejskiej (jej przeszłość) — różne sposoby kształtowania: horyzontalnie i wertykalnie, harmonicznie i polifonicznie, matematycznie (kalkulacyjnie, liczbowo) i improwizacyjnie, z klasyczną symetrią/proporcjonalnością i barokową asymetrycznością — w wielu swoich preludiach, fugach, fantazjach, toccatach klawesynowych i organowych, a przede wszystkim w *Kanonach* z *Die Kunst der Fuge*, Bach jak gdyby uprzedza dążenia romantyków do formy muzycznej swoiście otwartej, uwolnionej od szablonów klasycznego kształtowania (przy równoczesnym zachowaniu zasadniczych wzorców; tyle że romantycy komponować już będą w poczuciu ich nieobowiązywania, traktując je swobodnie, fantazyjnie, przeinaczając, łącząc ze sobą, mieszając, kontaminując...).

KWESTIA DRUGA

Z jakich to (domniemanych) przyczyn (?), potrzeb, pragnień, życzeń, dążeń, intencji, aspiracji, forma romantyczna realizuje się w muzyce? Dzięki czemu ona się urzeczywistnia?

Wynika ona, rzec można, z samego sedna romantycznego świato-odczucia. Poczyna się więc forma romantyczna: ze wzmożonego poczucia w o l n o ś c i — osobistej, indywidualnej, społecznej, narodowej, obywatelskiej; z gorącego jej umiłowania i bezkompromisowego do niej dążenia; z intensywnego poczucia nieskończoności; ze znamiennej dla romantyków „tęsknoty ku dali"; z poczucia bezkresnych przestrzeni, bezdennych głębi, niebotycznych wyżyn; z egzystencjalnie uświadomionej kondycji Wędrowca, odwiecznej sytuacji wędrowniczej, człowieka — bytu ludzkiego — w drodze.

Ogólnie powiedzieć można, że forma romantyczna rodzi się z romantycznego niepokoju — duszy, serca, umysłu; ze wzmożonej dynamiki uczuć, podwyższonej temperatury emocji, z miłosnej namiętności; z wysokich napięć egzystencjalnych — z „ekstatyczności" egzystencji (w pojęciu Heideggera), z egzystencjalnego lęku, z „woli mocy" (w rozumieniu Nietzschego). Lecz także — z głębokiej refleksji nad sensem istnienia; z przeżyć religijnych, panteistycznych uniesień, mistycznych doznań...

To wszystko, cała ta przebogata i zróżnicowana sfera życia ludzkiego — egzystencji duchowej człowieka — tak intensywnie w romantycznym klimacie pobudzona, domaga się wyrażenia w nowej muzycznej formie. Możemy więc również powiedzieć, że forma romantyczna w muzyce jest funkcją romantycznej ekspresji.

KWESTIA TRZECIA

Jak, jakimi sposobami forma romantyczna się urzeczywistnia? W jakich postaciach się przejawia?

Tutaj powiedzieć trzeba, że forma romantyczna w muzyce charakteryzuje się szczególną dialektyką; więcej, że jest ona na wskroś dialektyczna, rozwijana w duchu dialektyki Hegla — przeniknięta ruchem znoszących się przeciwieństw, ukierunkowana na syntezę cech i jakości sobie przeciwstawnych; urzeczywistniana ruchem Heglowskiej triady. Ścisłość współgra tu stale ze swobodą, kompozycja z improwizacją, precyzja struktury z brzmieniowym żywiołem, ekspresja dźwiękowej substancji z wyrazem uczuć.

Znamienną właściwością formy romantycznej jest kontaminacja, mieszanie wzorców kształtowania, idei formy, form poszczególnych i gatunków; forma romantyczna igra tu, rzec można, z tradycyjnymi konwencjami i stylami komponowania. Kompozytorzy romantyczni opierają się na podstawowych wzorcach klasycznych odziedziczonych po wieku XVIII (który może być również nazwany „wiekiem muzycznych form", w nim bowiem one osiągają apogeum swej dojrzałości) forma łukowa ABA, rondo, wariacje, kanon, fuga — to są dla nich, w ich pracy, punkty wyjścia, znaki orientacyjne, pomocnicze schematy; przede wszystkim zaś f o r m a s o n a t o w a! Czymś frapującym byłoby prześledzić to, co się z tą „formą form" dzieje u wielkich kompozytorów XIX wieku, w ich muzyce fortepianowej, kameralnej, symfonicznej, a nawet operowej i religijnej; czym jest, czym staje się ten arcywzorzec dźwiękowego kształtowania i muzycznej dramaturgii dla Beethovena, Schuberta, Berlioza, Chopina, Schumanna, Liszta, Wagnera, Verdiego, Brucknera, Brahmsa, Czajkowskiego, Dworzaka, Mahlera, Straussa; jak się na ich utworach odciska, uwydatnia, jakie zostawia ślady, jakie przeobrażenia/metamorfozy przechodzi; jak się z innymi formami/wzorcami łączy, trudny czasem do rozpoznania, a przecież u wszystkich jakoś, w różny sposób obecny...

Romantycy p r z e o b r a ż a j ą formy i gatunki muzyczne. W rezultacie ich doświadczeń powstają romantyczna sonata i symfonia, romantyczny kwartet i kwintet, romantyczne trio; romantyczne wariacje i rondo, romantyczna fuga.

Największym zaś geniuszem takich przeobrażeń, niedościgłym w mistrzostwie łączenia klasycznej precyzji z romantyczną fantazją, jest Chopin.

KWESTIA CZWARTA

W jaki sposób poezja, dramat, proza narracyjna, malarstwo (jako zapośredniczanie Natury), rzeźba, architektura mogły wpływać na formę muzyczną w epoce romantyzmu? Spróbujmy na koniec określić jej atrybuty w kontekście innych sztuk. Ta forma bowiem urzeczywistnia się między dwoma biegunowymi stanami muzyki: „ekstrawertycznym" stanem formy dużych rozmiarów; „introwertycznym" stanem formy małej (miniatury).

Z jednej więc strony — wydłużanie czasu i rozszerzanie przestrzeni, rozwijanie, przetwarzanie (praca tematyczna), różnego rodzaju wariacyjność; forma muzyczna jako proces wielofazowy; rozwinięta dramaturgia, rozbudowana architektura, złożoność kompozycji — w sonatach, symfoniach i poematach symfonicznych (Beethoven, Schubert, Berlioz, Chopin, Schumann, Liszt, Brahms, Mahler, Strauss); w dramatach muzycznych Wagnera; w balladach, scherzach, polonezach Chopina.

Z drugiej strony — aforystyczna kondensacja czasu, narracja skrótowa, aluzyjna, ruch ulotny, czas zniesiony; wrażenie, doznanie, przeżycie — w kontemplacji, uniesieniu, zachwyceniu — piękna i czaru muzyczno-poetyckiej/poetycko-muzycznej chwili — w preludiach i etiudach Chopina, *Scenach dziecięcych*, *Karnawale*, pieśniach Schumanna...

Zważywszy podatność muzyki romantycznej na impulsy literackie, powiemy, że formy duże — będące w centrum kompozytorskich doświadczeń i dokonań romantyków —

przejmują w siebie i transformują w struktury dźwiękowe znamienne cechy form narracyjnych literatury (powieść, opowiadanie, poemat epicki) oraz dramatu. Formy zaś małe — miniatury — kształtowane są z inspiracji poezji lirycznej.

Z jednej więc strony — w formach dużych — mamy romantycznie rozlewny przepływ, rozfalowanie toku, poszerzanie horyzontu; także — dramaturgiczne napięcia, dramatyczne spiętrzenia, długie narastania, potężne kulminacje, stopniowe wygasania, mocne kontrasty, zaskakujące zwroty, raptowne cięcia, wtrącane epizody, dygresje; dynamikę akcji, ostrość dramaturgii obok rozległych płaszczyzn adagiowego wysnuwania...

Z drugiej strony, w formach małych — liryczną czułość z akcentami dramatycznego wzburzenia, subtelne niuanse nastroju w cieniowaniu trybów tonalnych. Liryczne stany urzeczenia, zachwytu, uniesienia; poetyckie figury i toposy; metafory, peryfrazy, paralelizmy; rozmowy i wyznania, pytania i odpowiedzi, dialogi i monologi — transformowane w struktury brzmieniowe i muzyczne kompozycje...

O ile literatura, w różnych swoich rodzajach, gatunkach, formach, jako naczelne źródło inspiracji porusza muzykę wewnętrznie, kształtuje formę romantyczną niejako od środka, o tyle malarstwo romantyczne (i tak mocno związana z nim Natura!) muzyczną formę dokształtowuje. Kompozytor romantyczny, maksymalnie i w nowy sposób otwarty na świat, chłonący jego uroki wszystkimi zmysłami, przede wszystkim wzrokiem i słuchem, łączy wszak w sobie różne typy artystycznej wyobraźni. Wyobraźnię muzyczną (kompozytorską) wspomagają tu: wyobraźnia literacka — poetycka, narracyjna (fabularna), dramatyczna — i malarska; wyobraźnia pisarza i wyobraźnia czytelnika, wyobraźnia malarza i wyobraźnia widza. Dlatego też na domniemany proces twórczy kompozytora — zwłaszcza Berlioza, Liszta, Wagnera, Mahlera — spojrzeć można również pod kątem tego procesu dwoistości. Komponując mianowicie muzykę według specyficznych reguł kompozytorskiego rzemiosła/warsztatu, kompozytor romantyczny nastawiony jest — nie zawsze, ale często — na tworzenie (udźwiękowienie) muzycznych obrazów; na to coś, co nazwać można dźwiękowym odpowiednikiem naoczności (naocznych wyglądów).

Sugestii naoczności służą przede wszystkim uwidocznione w partyturach elementy muzycznej formy; głównie trzy naczelne, ściśle ze sobą złączone, wzajemnie sobą uwarunkowane: melodia, harmonia, kolorystyka. One również, te elementy, tak intensywnie żywe: wyraziste melodie-tematy, współbrzmienia różnej konsystencji i ciężaru, kolory brzmieniowe różnych odcieni, barwy różnego nasycenia — wprawione w ruch, na przemian łagodny i ostry, falujący i motoryczny, ciągły i „siekany", rozlewny i spięty, zastygający i przyspieszany — wydatnie formę muzyki romantyzują...

XIV. GRANICE ROMANTYZMU CZY ROMANTYZM BEZ GRANIC?

> Język estetyki jest wyświechtany; z trudem przychodzi mówić w sposób naturalny o pięknie, doskonałości, głębi lub wielkości bez podawania w wątpliwość własnego języka jako czystej retoryki: wystarczy tylko wypowiedzieć słowa, by przestraszyć się ich pustym dźwiękiem.
>
> Carl Dahlhaus, *Estetyka muzyki*[1]

Jakie są, jeśli w ogóle są, granice muzycznego romantyzmu? Czy można mówić o romantyzmie bez granic?

Pytania nabierają szczególnej wagi przy założeniu — co jest tezą naczelną tych szkiców i czego prawdziwości usiłują one dowieść — że muzyka jest tą sztuką, którą duch romantyzmu przeniknął najgłębiej i poruszył najsilniej; ona właśnie, ze wszystkich sztuk najżywsza, stanowi gorące centrum romantyzmu; w niej też romantyzm przejawia się — historycznie rzecz biorąc — najwcześniej, trwa najdłużej i wygasa najpóźniej.

Co jednak znaczą: „granica", „granice", „graniczność"? Pojęcia to wieloznaczne. „Granica" w sensie kategorycznym znaczy istotną, bytową (ontyczną) nieprzekraczalność: coś ma swoje granice — granice swego istnienia — wynikające z istoty tego czegoś.

---

[1] Przeł. Zbigniew Skowron, Warszawa 2007, s. 108.

Przeciwieństwem takiej kategorycznej (absolutnej?) granicy (graniczności) będzie granica umowna, konwencjonalna, zwyczajowa, bądź prawna, ustawowa („zakaz przekraczania granic bez specjalnego zezwolenia").

Granica może ponadto oznaczać skrajność: stan rzeczy maksymalny, którego nie sposób już przekroczyć („graniczny przypadek", „sytuacja graniczna"). Mówimy też o granicy w znaczeniu przestrzennym (terytorialnym): w sensie ograniczonego, zamkniętego granicami terytorium, określonego obszaru w granicach takich a takich. Mówimy także o granicach w aspekcie czasu — historycznego, dziejowego: granice danych okresów, epok historii. Granice mogą być ostre bądź łagodne, jasne bądź mgliste, wyraziste bądź zatarte...

Jak pojmujemy, względnie jak możemy czy winniśmy pojmować „granice" romantyzmu? Romantyzm muzyczny — pojęty jako sedno romantyzmu w ogóle — jawi nam się w swej fascynującej dwoistości, dialektycznie: jako romantyzm w granicach czasu historycznego; jako romantyzm ponadczasowy, bezgranic.

Podręcznikowe ujęcia historii muzyki przedstawiały to dość jasno. Romantyzm właściwy — którego zwiastunem był najstarszy z romantyków, Weber — zaczynał się wraz z twórczością pieśniową Schuberta: dolną granicę wyznaczały tu, symbolicznie, pieśni *Gretchen am Spinnrade* i *Erlkönig*. Pierwsza faza romantyzmu, obejmując dalej Chopina, Schumanna, Mendelssohna, zazębiała się z fazą drugą — neoromantyzmem — zainicjowaną twórczością symfoniczną Berlioza (notabene niemal dziesięć lat starszego od tamtych trzech). Do neoromantyków zaliczano także Liszta, Wagnera, Verdiego. Romantyzm późny to byli Bruckner, Brahms, Czajkowski, Dworzak, Strauss (w poematach symfonicznych). Natomiast Mahler już w tych klasyfikacjach się nie mieścił — miano go raczej za eklektyka romantyzmu i często sytuowano na poziomie średnim, o czym jeszcze świadczą u nas charakterystyki Bogusława Schaeffera z lat sześćdziesiątych i siedemdziesiątych XX wieku. W szablonowo podręcznikowym ujęciu romantyzm kończył się właściwie wraz z ostatnimi symfoniami Brucknera, Czajkowskiego, Dworzaka i poematami Straussa, w latach dziewięćdziesiątych XIX w. Tutaj gdzieś przebiegała jego górna granica, wytyczona schematycznie przez historyków.

Natomiast ja, w chęci przełamywania szkolnych nawyków, opowiadam się za koncepcją szerszą, zarazem bardziej elastyczną. I tak, według mnie, romantyzm muzyczny wyłania się w drugiej połowie XVIII w. z twórczości (głównie) C. Ph. E. Bacha, Haydna, Mozarta, w swojej najwcześniejszej fazie „wzmożonej uczuciowości" i emocjonalnego wzburzenia, jako preromantyzm. Tu gdzieś jest „dolna granica" — płynna, nieostra — romantyzmu w muzyce. Górną zaś, blisko półtora wieku później, wyznacza Mahler, w którego twórczości romantyzm osiąga apogeum wszystkich swoich cech, elementów, komponentów, i przełamuje się też jak gdyby na ekspresjonizm.

Co znaczy ta górna granica z końcem pierwszej dekady nowego wieku? Mahler umiera w roku 1911. Jego ostatnie, najbardziej przełomowe dzieła — *Das Lied von der Erde, IX Symfonia,* szkice *X Symfonii* — powstają w latach 1909–1910, w sąsiedztwie pierwszych ekspresjonistycznych utworów kompozytorów Nowej Szkoły Wiedeńskiej — Schönberga, Berga, Weberna — z ich estetyką postulującą prymat prawdy nad powierzchownie zmysłowym pięknem (co dobitnie wyraża zdanie: „Die Musik soll nicht schmücken, sie soll wahr sein"). Górna granica romantyzmu oznacza wygasanie kreatywnych możliwości, wyczerpanie formotwórczych sił romantycznego ducha w polu muzyki. Dokładniej — oznacza poczucie i uświadomienia sobie owego wyczerpania, przeświadczenie, że ono rzeczywiście ma miejsce, i że dla chcących kontynuować romantyczne, tj. melodyczno-uczuciowe i tonalno-harmoniczne sposoby komponowania pozostaje już tylko (nietwórczy) eklektyzm.

„Nie chcemy muzyki ozdobnej, chcemy muzyki prawdziwej". Prawdziwej, czyli odnowionej, nowej, już nie romantycznej. Młodzi ówcześnie ekspresjoniści (oni sami wprawdzie tak się jeszcze nie nazywali) — rozmiłowani w muzyce Mahlera! — postrzegają graniczność, w jaką popadła muzyka romantyczna, rozpoznają kryzys, jaki w niej zachodzi i przeciwstawiają mu antyromantyczne sposoby komponowania: atonalizm, zredukowanie melodii, antyuczuciową, czystobrzmieniową ekspresję, wreszcie w konsekwencji nowy dwunastotonowy, dodekafoniczny, serialny system organizacji materiału dźwiękowego. Dzisiaj, patrząc z naszej perspektywy, wiemy, że górnej granicy twórczych możliwości romantyzmu nie da się wyraźnie ustalić. Cóż począć bowiem na przykład z wielką, romantyczną z ducha, dramatyczną i tragiczną w wyrazie symfoniką Szostakowicza? A dalej — już w drugiej połowie i pod koniec XX wieku: nie sposób wszak pomawiać o eklektyzm wielu utworów z kręgu „nowego romantyzmu" z ich ekspresją romantycznego z ducha piękna! Cóż powiedzieć wreszcie o intensywnej ekspresji i przejmującym pięknie kompozycji — kameralnych i symfonicznych — Krzysztofa Pendereckiego (z lat dziewięćdziesiątych), w których stary duch romantyzmu działa z nową formotwórczą siłą?

Tu wszakże romantyzm muzyczny odsłania nam swoje drugie oblicze. R o m a n t y z m b e z g r a n i c. Romantyzm „odwieczny", „nieskończony", „wieczny"... Oczywiście i on miał kiedyś swój początek (acz trudny do ustalenia) i związany jest z określonym kręgiem kultury, tak że dookreślające go przymiotniki musimy opatrzyć cudzysłowem. Jest on natomiast bezgraniczny w tym sensie, że nie da się dokładnie — pod względem czasu i przestrzeni — określić zakresów jego działania. Można tylko mówić o okresach i miejscach jego nasileń bądź osłabień, o czasach jego największej intensywności i dominacji; i o epoce jego absolutnego królowania — wieku XIX.

Istotą tego bezgranicznego i „odwiecznego" romantyzmu jest melodyczna mowa uczuć, język uczuć wyrażanych melodią; czuły na emocje zmysł melodyczny — *sensus melodicus*. Rdzeń jego jest liryczny, poetycki, z poezją organicznie związany. Jego sedno — miłosne: w drgnieniu serca, wibracji uczuć i ich sublimacji, w miłosnej ekscytacji i kontemplacji.

Prześwituje zaś ów „odwieczny" romantyzm, pobudzając w muzyce jej nerw melodyczny, po raz pierwszy prawdopodobnie w czasach średniowiecznego rozkwitu poezji lirycznej (XI–XII wiek), francuskiej, prowansalskiej, włoskiej, niemieckiej — u trubadurów, truwerów, minnesingerów. Nam wprawdzie, odczytującym lirykę średniowiecza z całym ogromnym bagażem wielowiekowych doświadczeń rozwoju muzyki, te poruszenia materii dźwiękowej przez miłosną poezję wydać się mogą jeszcze nikłe, to jednak na ówczesnych słuchaczy musiały one oddziaływać silnie. Od tamtych czasów dzieje muzyki Zachodu, które — słusznie zresztą — rozpatruje się głównie jako historię form muzycznych i technik komponowania, znaczone będą również subtelną nicią przewodnią liryki i ekspresji melodycznej. Powiedzieć można też, że w całym tak intensywnym rozwoju muzyki europejskiej, w nurtujących tę muzykę silnych tendencjach wzrostu, rozrostu, powiększania i pomnażania, w jej postępie techniki i formy — istnieje również jakieś wewnętrzne, nasilające się w miarę bogacenia i pomnażania środków, pragnienie m o w y u c z u ć, dążenie, skryte bądź jawne, do osiągnięcia ich ekspresyjnej/wyrazowej pełni.

Tak pojęty bezgraniczny romantyzm, duch odwiecznego romantyzmu nawiedzający muzykę kultury zachodniej, miałby swoje dwie „epoki", dwa „królestwa". Pierwsze — rozkwitu mowy dźwięków retoryczno-afektywnej w epoce baroku (XVII–XVIII wiek); drugie — „żywiołu" muzycznej mowy uczuć wyzwolonych, w wieku XIX.

Muzyczny romantyzm bez granic urzeczywistnia się w bezgranicznym pięknie.

Tutaj znowu, podobnie jak w kwestii formy, powstają pytania. Czy w XIX wieku, dobie muzycznego romantyzmu, w związku z muzyką w tym czasie powstającą, mówi się i pisze o pięknie muzycznym? Nie chodzi mi o wypowiedzi tylko wzmiankujące, bo tych jest obfitość, ale o zgłębiające rozważania. Czy pytanie o piękno w muzyce staje się ówcześnie kwestią naprawdę ważną? Czy problem piękna (jeżeli taki istnieje) zaliczyć można do naczelnych w estetyce muzycznej XX wieku?

I pytania — zadane przez nas, przeze mnie — samej muzyce. Czy pragnie ona być piękną? Czy chce się podobać, w ten naturalny sposób znamienny dla wieków uprzednich — XVII i XVIII? Podobać, czyli sprawiać przyjemność, dawać radość tym, którzy jej, muzyki, słuchają i którzy ją dla słuchających grają i śpiewają. Podobać — poprzez wdzięk, urok, powab, spełniając wymogi dobrego smaku. Czy kompozytorzy romantyczni piszą muzykę świadomi urzeczywistnianego w niej piękna? Czy komponują z myślą o pięknie, piękno mając na uwadze jako „przyczynę celową" (*causa finalis*)? Czy piękno zaliczyć można do naczelnych postulatów muzycznej twórczości XIX wieku? Czy w ówczesnym tak obfitym tyczącym muzyki piśmiennictwie — naukowym, filozoficznym, analitycznym, krytycznym, biograficznym, fabularnym — zgłębia się (usiłuje zgłębiać) i określa, definiuje (próbuje definiować) p i ę k n o — jego istotę, sedno, sens?

Otóż nie. Z rozległych obszarów dziewiętnastowiecznej myśli o muzyce nie da się wywieść jakiejś teorii — estetyki czy filozofii piękna, jako immanentnej cechy muzyki i utworu muzycznego. Pod tym względem tytuł słynnej książki Eduarda Hanslicka *O pięknie muzycznym* (*Vom Musikalisch-Schönen*) — może mylić. Traktuje ona bowiem — polemicznie, w sposób błyskotliwie paradoksalny — o istocie muzyki: jej oddziaływaniu, ekspresji, znaczeniowości, relacjach treść-forma, dając podstawy i punkty wyjścia dla określonej filozofii utworu muzyki. Pisze Hanslick:

> Jeśli więc pytamy, co można wyrazić za pomocą tego materiału dźwiękowego, odpowiedź brzmi: idee muzyczne. Muzyczna idea przejawiająca się w pełni jest już jednak samodzielnym pięknem, celem samym w sobie i w żadnym razie środkiem i materiałem do przedstawiania uczuć i myśli; może posiadać w wysokim stopniu owo symboliczne znaczenie odzwierciedlające wielkie prawa świata, które odnajdujemy w każdym pięknie artystycznym.
>
> Formy dźwiękowe w ruchu są jedyną i wyłączną treścią i przedmiotem muzyki. [...] Uczucie przenikające utwór muzyczny uważa się zazwyczaj za treść, ideę, za jego duchową zawartość, natomiast artystycznie tworzone, określone formy dźwiękowe — za czystą formę, obraz, zmysłową szatę okrywającą coś nadzmysłowego. Jednak właśnie specyficznie muzyczna część jest wytworem artystycznego ducha, z którym duch percypujący jednoczy się w pełnym zrozumieniu. [...]
>
> Nie ma sztuki, która zużywa tak szybko i tak wiele form, jak muzyka. [...] O wielu kompozycjach, które wzno-

szą się wysoko ponad codzienność swych czasów, można słusznie powiedzieć, że już były piękne[2].

Natomiast w ogólnym polu dziewiętnastowiecznych (romantycznych?) poglądów na muzykę piękno samo — ideę piękna, poczucie piękna — przyjmuje się z góry jako coś oczywistego, pojęcia piękna, piękna muzycznego czy piękna muzyki właściwie dalej nie rozważając i nie zgłębiając. Mówi się natomiast dużo i pisze o doskonałości muzyki, o jej wielkości, wzniosłości, o uczuciach, jakie ona może wyrażać, o sytuacjach i stanach rzeczy, jakie może przedstawiać, o muzyce „programowej", „charakterystycznej", „absolutnej"; o przejawach „nabożnego skupienia" w muzyce...

Nie dziwi zresztą ta aprioryczna oczywistość piękna jako wartości bezdyskusyjnej, skoro ze wszystkich cech muzyki (jak i innych sztuk, sztuki w ogóle) piękno największy opór stawia określającym je bliżej słowom, nie daje się zgoła zawrzeć w narzucanej na nie siatce pojęć. Można tylko, dookreślając, mnożyć przymiotniki: piękno klasyczne, romantyczne, gorące, chłodne, zmysłowe, umysłowe, dynamiczne, intensywne, spokojne, statyczne...

Prawdziwa filozofia piękna w muzyce, piękna muzycznego, jeszcze nie powstała, i można wątpić, czy kiedykolwiek powstanie. A to dlatego (takie jest moje przeświadczenie), iż piękno jako cecha muzyki tym się różni od innych jej cech, że wynika wprost — źródłowo — już nie tylko z „bytu", „istoty", „istnienia", ale z tego, co jeszcze bardziej pierwotne, poprzedzające, pierwsze, a co Heidegger nazywa byciem (*Sein*), i co stanowi pojęciowy rdzeń jego filozofii.

---

[2] Cyt. za: C. Dahlhaus, *Estetyka muzyki*, przeł. Zbigniew Skowron, Warszawa 2007, s. 63.

Piękno muzyki wynika z jej bycia. Powiedzmy mocniej: piękno jest samym byciem muzyki. Posłuchajmy raz jeszcze Heideggera:

> Zapytywanie więc o bycie to najpierw i w ciągu długich dziejów między Anaksymandrem a Nietzschem tylko pytanie o bycie bytu. Pytanie kieruje się na byt jako na to, czego ono dotyczy, i dopytuje się o to, czym *on* jest. To, o co pytanie się dopytuje, określone jest jako coś wspólnego każdemu bytowi. Bycie ma charakter bytości. W obrębie zapytywania, które pyta od strony bytu i *powraca* do niego pytaniem, bytość okazuje się czymś wtórnym wobec bytu. W obrębie wszelako tego, czego pytanie dotyczy, i tego, o co się ono dopytuje, bytość jako coś w każdym bycie najbardziej stale obecne jest tym, co w najwyższym stopniu bytujące i dlatego czymś zawsze wcześniejszym od każdego określonego, pojedynczego bytu[3].

Jeśliby więc miała kiedyś powstać filozofia piękna muzycznego, to raczej na podobieństwo... teologii negatywnej, apofatycznej, traktującej głównie o tym, czym Bóg nie jest: określająca, tłumacząca to, czym piękno nie jest.

A czym to piękno jest — w swojej najbardziej intensywnej postaci piękna romantycznego — o tym mówią mi najwyraźniej i przejmująco nokturny Chopina, kiedy się całym moim jestestwem (*Dasein* według Heideggera) w nie wsłuchuję.

Sednem ekspresji muzyki romantycznej jest — w moim przeświadczeniu — dramatyzowany liryzm. Dlatego nokturny wyznaczają w twórczości Chopina sferę najbardziej romantyczną, są wprost kwintesencją muzycznego roman-

---

[3] M. Heidegger, *Przyczynki do filozofii,* przeł. Bogdan Baran i Janusz Mizera, Kraków 1996, s. 388.

tyzmu w ogóle. Substancją ich jest rdzennie Chopinowski śpiew instrumentalny: ornamentowany i dramatyzowany, namiętny, czuły, kontemplacyjny i wzburzony, zakomponowany w kształt formy uwodząco płynnej. Ich ruch jest kołyszący, narracja rozfalowana, koloryt światło-cienisty. Znamienna dla nich jest ekspresja kontemplacji piękna. Melodyczno-harmoniczny geniusz kompozytora sięga tu szczytów inwencji. Sfera nokturnów to apogeum intensywnego piękna muzyki — nie tylko muzyki romantycznej, muzyki XIX wieku, ale, jak sądzę, całej muzyki Zachodu w jej dziejach, a może i muzyki w ogóle. Można powiedzieć, że artystyczna osobowość Chopina udźwiękawia się tutaj, melodyzuje, w to piękno przetwarza!

Słuchając Chopinowskich nokturnów, poddając się ich bezmiernemu czarowi i niuansom nastroju, wiem, czym jest piękno muzyczne w swojej istocie. Jednakże potrafię je tylko wskazać: w poszczególnych nokturnach, w ich melodycznej mowie dźwięków i harmoniczno-modulacyjnym toku. Nie potrafię natomiast tego piękna opisać: wszelkie słowa zdają mi się tu wyświechtane i bełkotliwe... Mogę tylko, jak każdy zresztą jako tako obeznany w dziejach muzyki, wskazać źródła inspiracji tego piękna: południowe, włoskie, w operowym *bel canto*. Geniusz melodyczny Chopina dokonuje tu czarodziejskiej metamorfozy idiomu mowy dźwięków Rossiniego, Belliniego, Donizettiego... A w późnych zwłaszcza nokturnach czas narracji wydłuża się, tok muzyczny uwieloznacznia, pogłębia się ekspresja kontemplacji i refleksyjności. Piękno **nokturnów** rezonuje w nas metafizycznie...

INDEKS OSÓB

Adler Guido 170
Ajschylos 157
Ambros August Wilhelm 82
Anaksymander 186
Appia Adolf 167
Arnim Ludwig Achim von 49, 149
Arystoteles 121
Augustyn św. 35

Bach Carl Philipp Emanuel 181
Bach Johann Sebastian 8, 10, 11, 31, 32, 34, 35, 37, 74, 91, 99, 122, 125, 132, 135, 136, 137, 173
Bachtin Michaił 77
Baudelaire Charles 126
Beethoven Ludwig van 10, 16, 29, 35, 45, 46, 68, 72, 80, 104, 108, 109, 119, 132, 133, 136, 162, 164, 170, 172, 173, 175, 176
Bellerman 82
Bellini Vincenzo 188
Berg Alban 11, 181
Berglinger Józef 82
Berlioz Hektor 8, 16, 17, 26, 41, 49, 51, 68, 76, 84, 87, 90, 95, 97, 98, 104, 105, 107, 109, 143, 144, 162, 170, 175, 176, 178, 180
Boy-Żeleński Tadeusz 38
Brahms Johannes 11, 16, 18, 41, 51, 55, 64, 68, 72, 76, 77, 80, 82, 91, 95, 95, 98, 108, 110, 133, 170, 175, 176, 180
Brown John Russel 159
Brentano Franz 17, 39, 49, 149
Bruckner Anton 10, 26, 41, 51, 68, 82, 91, 105, 109, 133, 136, 154, 170, 175, 180, 181
Budda 123
Buras Jacek 44
Byron George Gordon 77

Calderon de la Barca Pedro 154, 159
Callot Jacques 78
Carus Carol Gustav 49
Chopin Fryderyk 8, 9, 16, 17, 18, 32, 33, 36, 40, 41, 57, 58, 68, 72, 80, 91, 98, 103, 108, 136, 137, 138, 170, 175, 176, 180, 187, 188
Couperin Francis Le Grand 94
Ciechanowska Zofia 141
Czajkowski Piotr 11, 16, 17, 68, 76, 77, 82, 106, 107, 109, 118, 119, 120, 123, 140, 143, 162, 175, 180, 181

Dahlhaus Carl 179, 185
Dante Alighieri 76, 77, 121, 149
Debussy Claude 52, 67, 97
Delacroix Eugène 48, 49
Dickinson Emily 13
Donizetti Gaetano 188
Dostojewski Fiodor 77, 126
Dworzak Antonin 51, 82, 110, 133, 175, 180, 181

Eckhart Mistrz 94
Eichendorff Joseph von 49
Eigeldinger J.-J. 58
Ekier Jakub 78
Eliade Mircea 168

Fichte Johann Gottlieb 79, 88, 89
Friedrich Caspar David 41, 48, 49, 125, 132, 154

Gałecki Jerzy 88
Garewicz Jan 129
Gesualdo Carlo da Venosa 122
Goethe Johann Wolfgang 49, 50, 54, 66, 76, 84, 144, 145, 149, 158, 159
Gombrowicz Witold 127
Gounod Charles 144
Górecki Henryk Mikołaj 11, 67
Grabska Elżbieta 47
Grimm Bracia 49, 149
Guardini Romano 50

Händel Georg Friedrich 11, 97, 99
Hanslick Eduard 170, 185
Hawryluk Jacek 5
Haydn Joseph 104, 109, 181
Hegel Georg Wilhelm Friedrich 79, 113, 174
Heidegger Martin 92, 93, 114, 127, 129, 138, 174, 186, 187
Heine Heinrich 66, 68, 124
Heraklit 119
Hoffman Ernst Theodor Amadeus 76, 126, 144
Hölderlin Johann Christian Friedrich 49, 92, 125, 154
Hugo Victor 160

Ingarden Roman 88, 134
Iwaszkiewicz Jarosław 9

Jackowska-Pociejowa Krystyna 21, 29, 30, 53, 54, 56, 61, 62, 63, 64, 65, 79, 124, 125, 155
Janequin Clément 44, 118
Jaspers Karl 15, 115, 116, 117, 119, 121, 125, 127, 128
Jean Paul (właśc. Johann P. Friedrich Richter) 75
Jezus Chrystus 23, 35, 122
Jung Carl Gustav 168

Kant Immanuel 79, 87, 88, 132
Kierkegaard Søren 22, 79
Kilar Wojciech 11
Kleiner Juliusz 19, 20
Kleist Heinrich von 159
Knapik Eugeniusz 12, 13
Krzemieniowa Krystyna 90
Kwieciński Mirosław 116

Lechoń Jan 13, 14
Leibniz Gottfried Wilhelm 129
Leśmian Bolesław 55, 85, 147, 148
Liszt Ferenc 8, 11, 16, 17, 26, 51, 52, 68, 76, 77, 82, 84, 87, 90, 95, 108, 110, 119, 123, 133, 140, 144, 153, 154, 162, 170, 175, 178, 180
Lope de Vega 157

Mahler Gustav 9, 10, 11, 16, 17, 18, 21, 22, 25, 26, 27, 29, 34, 36, 37, 39, 41, 48, 51, 53, 54, 55, 59, 64, 65, 66, 67, 68, 69, 72, 75, 76, 77, 79, 80, 82, 84, 91, 95, 96, 97, 98, 103, 106, 107, 108, 109, 119, 123, 125, 133, 136, 137, 140, 145, 146, 149, 153, 154, 155, 162, 164, 165, 170, 175, 176, 178, 181, 182
Mann Thomas 9, 77

Mendelssohn-Bartholdy Felix 10, 51, 52, 67, 76, 105, 110, 180
Michalski Krzysztof 14, 93
Mickiewicz Adam 9, 77, 140, 141, 143
Molier 158
Monteverdi Claudio 10, 34, 35, 82, 118, 119, 122
Mozart Wolfgang Amadeus 8, 10, 16, 18, 34, 37, 39, 104, 109, 118, 140, 141, 143, 144, 181
Müller Wilhelm 27, 66
Musorgski Modest 140, 143
Musset Alfred de 38, 160

Namowicz Tadeusz 78
Nietzsche Friedrich 14, 22, 79, 174, 186
Novalis 41, 49, 75, 85, 93, 95, 154

Palestrina Giovanni Pierluigi da 10, 11
Penderecki Krzysztof 11, 67, 182
Petrarca Francesco 76
Petsch Robert 140, 141
Platon 15
Plotyn 14
Poe Edgar Allan 126
Pomorski Adam 62
Poprzęcka Maria 47
Prokopiuk Jerzy 85
Puszkin Aleksander 77

Racine Jean Baptiste 159
Rameau Jean Philippe 97
Richter Gerhardt 49
Ricoeur Paul 168
Riemann Hugo 81, 170
Rossini Gioacchino 188
Rückert Friedrich 49, 66, 124
Rudziński R. 116
Runge Filip Otto 47, 49
Rymkiewicz Wawrzyniec 114, 127

Schaeffer Bogusław 181
Schelling Friedrich Wilhelm Joseph 41, 49, 79, 89, 90, 113, 154
Schiller Friedrich von 94, 158, 159
Schlegel Bracia 49, 76
Schlegel Friedrich 78, 152, 153
Schopenhauer Arthur 79, 113, 123, 124, 128, 129
Schönberg Arnold 67, 181
Schubert Franz 7, 10, 16, 18, 21, 22, 28, 29, 32, 39, 40, 46, 48, 51, 52, 55, 56, 61, 62, 63, 65, 66, 68, 75, 80, 90, 95, 103, 108, 110, 123, 124, 125, 132, 133, 136, 137, 138, 140, 148, 170, 175, 176, 180
Schumann Robert 8, 16, 17, 41, 51, 68, 76, 95, 108, 110, 170, 176, 180
Siemek Marek J. 89
Sienkiewicz Henryk 116
Skowron Zbigniew 58, 179
Słowacki Juliusz 9, 41, 126, 144, 154
Specht Richard 68
Spitta Philipp 82
Srebrny Stefan 157
Strauss Richard 26, 51, 52, 84, 95, 97, 98, 103, 104, 106, 107, 108, 109, 175, 176 180 181
Strawiński Igor 11
Strinberg Johan August 165
Szekspir William 76, 77, 149, 158, 159
Szostakowicz Dmitrij 118, 182
Szydłowski Janusz 5
Szymanowski Karol 7, 8, 16, 17
Szymański Paweł 12

Takemitsu Toru 12
Taraszkiewicz-Nowik Barbara 5
Tarkowski Andriej 9, 12
Tasso Tarquato 118
Tieck Ludwig 43, 44, 46, 49, 76
Tołstoj Lew 116, 126
Turowicz Maria 134

Verdi Giuseppe 36, 123, 133, 140, 175, 180
Vivaldi Antonio 97

Wackenroder Wilhelm Heinrich 49, 75, 83
Wagner Richard 8, 10, 11, 16, 17, 23, 25, 26, 41, 51, 52, 68, 72, 76, 79, 80, 82, 84, 90, 95, 96, 97, 98, 104, 105, 107, 109, 119, 123, 124, 137, 138, 140, 143, 165, 168, 170, 175, 176, 178, 180
Weber Carl Maria von 45, 46, 75, 103, 105, 140, 143, 144, 180
Webern Anton 181
Wieland Christoph Martin 168
Witkacy 127, 133, 134
Wittgenstein Ludwig 71, 73
Włodkowa Zofia 50
Wojtulanis Magdalena 5

SPIS ILUSTRACJI

PO STRONIE 32: Caspar David Friedrich: *Krzyż nad Bałtykiem (Kreuz an der Ostsee)*. 45 × 33,5. 1818. Olej na płótnie. Berlin, zamek w Charlottenburg.

PO STRONIE 48: Eugène Delacroix: *Wolność wiodąca lud na barykady*. 259 × 94,8 cm. 1830. Olej na płótnie. Luwr.

PO STRONIE 64: William Turner: *Deszcz, para, szybkość*. 91 × 122. Olej na płótnie. 1844. Londyn, National Galery.

PO STRONIE 80: William Turner: *Światło i kolor (Teoria Goethego) — Poranek po potopie; Mojżesz piszący księgę Genezis*.78,5 × 78,5. Olej na płótnie. 1843. Londyn, Tate Galery.

PO STRONIE 96: Caspar David Friedrich: *Kaplica w górach* (lub *Krzyż i katedra w górach*) [*Kreuz und Kathedrale im Gebirge*] 44,5 × 37,4. Olej na płótnie. Düsseldorf.

PO STRONIE 112: Théodore Géricault: *Tratwa Meduzy*. 491 × 716 cm. Olej na płótnie. 1818–1819. Luwr.

PO STRONIE 128: Honoré Daumier: *Maria Magdalena*. 41 × 33 cm. 1818. Olej na płótnie. Paryż, zbiory prywatne.

SPIS ILUSTRACJI

PO STRONIE 144: William Blake: *Aniołowie nad ciałem Chrystusa w grobie*. 42 × 30,2 cm. Ołówek, pióro, akwarela. Ok. 1805. Londyn, Victoria and Albert Museum.

SPIS RZECZY

Od autora 5

I. Utracona ojczyzna 7
II. Wędrówka 21
III. W żywiole uczuć. Mowa dźwięków 31
IV. Malować dźwiękiem 43
V. Muzyka jako śpiew 55
VI. W przestrzeni myśli 71
VII. Romantyczna wyobraźnia 83
VIII. Krąg instrumentów — romantyczna orkiestra 101
IX. Muzyka wobec sytuacji granicznych 113
X. Uczucia metafizyczne, mistyczne doznania 127
XI. Świat i zaświat 139
XII. Teatr romantyczny 157
XIII. Pomówmy o formie... 169
XIV. Granice romantyzmu czy romantyzm bez granic? . . . 179

Indeks osób 189
Spis ilustracji 193